Jésus et sa Passion

Jean Delumeau
Gérard Billon

Jésus et sa Passion

Desclée de Brouwer

Réalisation : Sandrine Levain
Maquette : Marion Chevallier

Crédit photographique (hors-texte)
Page 1 : © Akg-images/Rabatti-Domingie.
Pages 2, 3 & 4 : © G. Dagli Orti, Paris

76, *bis* rue des Saints-Pères, 75007 Paris
www.descleedebrouwer.com

ISBN : 2-220-05516-7

Avant-propos

La figure de Jésus continue, fort heureusement, d'attirer les foules et même le regard et la sympathie de gens qui ne sont pas chrétiens. Le succès de la Bible ne se dément pas. Or, pour les chrétiens, le sommet de la Bible c'est la Passion suivie de la Résurrection du Christ. Dans ces conditions il est naturel que la Passion focalise l'attention.

Ce n'est toutefois pas quelque chose de simple, la Passion du Christ ! Bien sûr, il y a l'aspect historique, je dirais presque événementiel. Et il ne faut pas le négliger. La Passion, il est vrai, ne nous est connue que par les quatre Évangiles. Néanmoins leurs récits sont assez largement concordants et on ne peut pas douter de la réalité de la condamnation et du supplice qu'a subis Jésus. Il est donc tout à fait légitime d'en parler, que l'on soit croyant ou non. De toute façon, les Évangiles sont des documents que les historiens doivent prendre en compte. En outre, que les Évangiles et les récits de la Passion soient des éléments fondamentaux de la foi chrétienne, de la conviction et de la piété des chrétiens constitue aussi un fait historique et il n'y a pas de raison que les historiens refusent de considérer cette documentation. Elle est là.

Toutefois, et pour un chrétien, la Passion excède le cadre événementiel. Pour la comprendre, il faut reprendre la parole de saint Paul sur la « folie de la Croix ». Il est bien certain que, pour cette raison, la mort du Christ en croix pose de nombreux problèmes. Ainsi, dans l'Islam, croit-on que ce n'est pas Jésus lui-même qui est mort sur la Croix. « Les Juifs disent : "Nous avons tué le Messie, Jésus fils de Marie, envoyé d'Allah", alors qu'ils ne l'ont ni tué ni crucifié » [IV, 156]. Le Coran, lui-même, ne donne pas l'explication de son affirmation mais on peut, néanmoins, la trouver en divers commentaires, qui esquissent certaines hypothèses comme l'idée que l'on aurait substitué quelqu'un à Jésus, ou que celui-ci aurait survécu à ses supplices. Quoi qu'il en soit, il paraissait indécent, presque anormal qu'un prophète privilégié, sans parler d'un Dieu, ait pu avoir une fin aussi lamentable. La Croix pose aussi problème, en dehors du christianisme, aux adeptes des religions de l'Asie. Car celles-ci veulent essentiellement apporter la sérénité. Or, on ne peut pas dire que la Passion l'apporte, surtout si on y privilégie la violence et la souffrance, mais nous y reviendrons. Et non seulement cette mort a heurté en dehors du christianisme, mais dans le christianisme lui-même elle a rencontré une forte résistance au point que, sans parler des tendances gnostiques, elle a provoqué la réunion des premiers conciles œcuméniques, de Nicée au IVe siècle à Chalcédoine au Ve siècle, appelés à proclamer l'affirmation de la double nature, humaine et divine, dans l'unicité de la Personne du Christ, donnant ainsi tout son contenu à cette formule de Cyrille d'Alexandrie (380-444) : « Une personne de la Sainte Trinité a souffert dans la chair. »

« Folie de la Croix », donc. Avec elle, nous nous trouvons au cœur du mystère chrétien, et de l'énigme du Dieu fait homme. Pour moi là est le centre du christianisme : le Dieu fait homme qui souffre sur la Croix mais sans cesser d'être Dieu et qui ressuscite. Le paradoxe du christianisme est en effet que ce soit, pour reprendre l'expression méprisante de Machiavel, un « prophète désarmé » qui, par la Résurrection, ouvre les portes du Paradis à l'ensemble de l'humanité. Ce paradoxe et cette « folie » font la richesse et l'originalité du christianisme. Mais reste le problème de la place de la violence et de la souffrance dans la Passion.

Les premiers chrétiens, qui étaient dans la joie de la Résurrection de Jésus, et qui y sont restés pendant plusieurs siècles, ne ressentaient pas le besoin de représenter sa Passion. Pour eux, bien sûr, il y avait eu martyre, très douloureux, mais ce martyre avait ouvert sur l'espérance grâce à la Résurrection et pour moi, la Passion du Christ n'a de sens que par la Résurrection. L'un de mes plus vifs souvenirs d'étudiant, tandis que je découvrais l'histoire byzantine, reste le récit du supplice affreux subi par l'empereur Andronic Comnène, mis à mort par la foule de Constantinople d'une façon ignoble, littéralement dépecé vivant en 1185. Il n'était pas un saint mais il ne méritait pas l'atroce supplice qui lui fut infligé. Le souvenir de cette lecture est resté inscrit dans ma mémoire. Mais qui, du moins en Occident, a entendu parler du supplice d'Andronic Comnène ? Il y a eu, dans l'histoire, des supplices aussi effrayants, peut-être même plus effrayants encore que celui souffert par le Christ sans avoir les mêmes conséquences ni le même retentissement. Ce n'est donc pas le supplice en lui-même qui est décisif, mais bien sa conclusion, c'est-à-dire la résurrection de Jésus, de laquelle est née une religion.

En ce sens, la mort de Socrate fut très différente. D'abord, elle fut moins atroce. Socrate, pourrait-on dire, a subi un supplice relativement doux. On lui fit, certes, avaler un poison et, selon la description faite par Platon, « il sentit le froid qui remontait progressivement des pieds et des jambes vers le cœur ». Sa mort paraît avoir été paisible. Mais, au-delà de celle-ci, reste le plus important, à savoir que Socrate ne promettait et n'ouvrait aucun paradis. Il se voulait seulement un philosophe, et ne fut pas un fondateur de religion.

Actuellement, la civilisation occidentale opère une focalisation sur la violence et sur le mal. À tel point que la désespérance envahit la philosophie et le sadisme les médias. Nous vivons sous le joug d'un pessimisme qui barre notre horizon, contre quoi, nous chrétiens, devons réagir en affirmant et en montrant que le bien aussi existe.

Ce pessimisme a une longue histoire dans notre civilisation occidentale. Avec Vatican II on pouvait espérer, du moins au sein de l'Église romaine, avoir rompu avec ce destin et s'être libéré de cette « malédiction ». Il est vrai que la génération qui a fait le Concile était une génération optimiste à la fois sur l'avenir de l'humanité et sur celui de l'Église. La nôtre, au contraire, traverse des temps d'inquiétude. Néanmoins, tout retour en arrière, tout retour au passé du point de vue du dolorisme, de la surdétermination de la faute et de la souffrance me paraît inquiétant. Nous nous étions libérés de la peur, nous y retombons.

Surdimensionner le péché par rapport au pardon me paraît rétrécir la réalité et contredire l'affirmation de saint Paul qui prononce que « là où le péché s'est multiplié, la grâce a surabondé » (Rm 5,20). Il faut, me semble-t-il, rétablir le primat du pardon, pour redonner de l'espérance à nos contemporains, si l'on veut se montrer fidèle au vrai sens de la Passion qui est la Résurrection.

Pour mieux saisir ce que je viens de dire, il convient, sans doute, de relire la Passion telle que nous la présentent les Évangiles, d'en comprendre l'environnement historique, les conditions réelles, avant de se demander si la fixation sur les souffrances et le supplice du Christ rendent véritablement justice à l'événement de la Croix.

Jean Delumeau

I

L'HISTOIRE DE LA PASSION

Lire le récit

Parvenus jusqu'à nous, par le témoignage des communautés chrétiennes au cours des siècles, les récits de Passion mettent en scène les derniers moments de Jésus. Pour ouvrir cette réflexion, il est indispensable de lire – ou relire – l'un d'entre eux, la Passion selon saint Luc, traduit par sœur Jeanne d'Arc, qui introduit d'emblée au cœur de la problématique exégétique et historique qui va suivre.

Pourquoi saint Luc ? Parce qu'en partant du texte de Marc, l'auteur a repris le maximum de détails sur les circonstances de la mort du Christ. Il offre ainsi une représentation très enrichie de ce moment-clé.

Cependant, pour avoir en main tous les éléments du dossier, le lecteur pourra se reporter, en annexe, aux évangiles de Marc, Matthieu et Jean. L'existence d'un tel corpus souligne que, d'emblée, les visions de la Passion sont plurielles dès les premières années du christianisme. Une fois ce texte lu, reste à se référer, à répondre aux principales questions à propos de l'événément et des textes. Car que savons-nous vraiment aujourd'hui ? Comment faire la part des certitudes, des hypothèses ou des informations plus douteuses ? A un moment où l'on continue de représenter la Passion à travers le cinéma ou la littérature, quelles réponses apportées aux interrogations qui demeurent ?

La Passion selon saint Luc

[**22**]

L'agonie au mont des Oliviers //Mt **26**,36-46 Mc **14**,32-42

39 Il sort et va comme de coutume
vers le mont des Oliviers.
Ses disciples aussi le suivent.
40 Arrivé sur le lieu, il leur dit :
« Priez pour ne pas entrer en épreuve. »
41 Il s'arrache d'eux, à environ un jet de pierre.
42 Il fléchit les genoux et prie 'en disant :
« Père, si tel est ton dessein,
emporte cette coupe loin de moi !
Cependant, que, non ma volonté,
mais la tienne arrive ! »
43 Lui apparaît un ange, du ciel,
qui le réconforte.
44 Il entre en agonie :
plus intensément il prie.
Sa sueur devient comme des caillots de sang,
descendant sur la terre.
45 Il se lève de la prière.
Il vient vers les disciples :
il les trouve assoupis de tristesse.
46 Il leur dit :
« Quoi ! Vous dormez !
Levez-vous !
Priez pour ne pas entrer en épreuve. »

Le baiser de Judas //Mt **26**,47-50 Mc **14**,43-46 Jn **18**,2-9

47 Il parle encore, voici une foule.
Le nommé Judas – un des douze ! – va devant eux.
Il approche de Jésus
pour lui donner un baiser.
48 Jésus lui dit :
« Judas, par un baiser,
le fils de l'homme, tu le livres ! »

Le coup d'épée //Mt **26**,51-56 Mc **14**,47-50 Jn **18**,10-12

49 Ceux d'autour de lui voient ce qui va arriver.
Ils disent :
« Seigneur, si nous frappions de l'épée ? »
50 L'un d'eux frappe le serviteur du grand prêtre
et lui ôte son oreille, la droite.
51 Jésus intervient et dit :
« Cédez ! jusque-là ! »
Il touche le bout d'oreille et le rétablit.
52 Jésus dit à ceux qui étaient venus sur lui,
grands prêtres, stratèges du temple et anciens :
« Comme pour un bandit,
vous êtes sortis avec épées et gourdins !
53 Chaque jour, j'étais avec vous dans le temple
et vous n'avez pas étendu les mains sur moi.
Mais c'est votre heure,
et le pouvoir de la ténèbre. »

Chez le grand prêtre //Mt **26**,57-58 Mc **14**,53-54 Jn **18**,12-18

54 Ils s'emparent de lui, l'amènent et le font entrer
dans la maison du grand prêtre.
Pierre suivait, à distance.
55 Ils ont allumé un feu au milieu de la cour,
et sont assis ensemble.
Pierre s'assoit au milieu d'eux.

Un coq chante //Mt **26**,69-75 Mc **14**,66-72 Jn **18**,17.25-27

56 Une servante le voit assis près de la flambée.
Elle le dévisage et dit :
« Celui-ci aussi était avec lui ! »
57 Il nie en disant :
« Je ne le connais pas, femme ! »
58 Un instant après, un autre le voit et dit :
« Toi aussi, tu en es ! »
Pierre dit :
« Homme, je n'en suis pas ! »
59 À une heure d'écart peut-être,
un autre insiste en disant :
« En vérité, celui-ci aussi était avec lui !
D'ailleurs, il est Galiléen. »
60 Pierre dit :
« Homme, je ne sais ce que tu dis ! »
Et soudain, il parle encore... chante un coq.

61 Le Seigneur se tourne et fixe Pierre.
Et Pierre se rappelle la parole du Seigneur,
comme il lui avait dit :

« Avant qu'un coq ait chanté aujourd'hui,
tu m'auras renié trois fois. »
62 Il sort dehors et pleure amèrement.

Prophétise ! //Mt **26**,67-68 Mc **14**,65 Jn **18**,22

63 Et les hommes qui le détiennent
le bafouent en le battant.
64 Ils le voilent et l'interrogent en disant :
« Prophétise !
Qui c'est, celui qui t'a atteint ? »
65 ... et beaucoup d'autres blasphèmes qu'ils disent contre lui.

Tu es le fils de Dieu ? //Mt **26**,63-66 Mc **14**,61-64

66 Comme vient le jour,
se rassemble le collège des anciens du peuple,
grands prêtres et scribes.
Ils l'emmènent dans leur sanhédrin.
67 Ils disent :
« Si toi, tu es le messie, dis-le-nous ! »
Il leur dit :
« Si je vous dis,
vous ne croirez pas.
68 Et si je vous questionne,
vous ne répondrez pas...
69 Dès cet instant, le fils de l'homme
sera assis à la droite de la Puissance de Dieu ! »
70 Ils disent tous :
« Toi, donc, tu es le fils de Dieu ? »

Il leur dit :
« Vous, vous dites que moi, je suis. »
71 Ils disent :
« Quel besoin avons-nous encore de témoignage ?
Car nous-mêmes, nous avons entendu de sa bouche ! »

Devant Pilate //Mt **27**,1-2 Mc **15**,1 Jn **18**,28

23 1 Toute leur multitude se lève :
Ils l'amènent devant Pilate.
2 Ils commencent à l'accuser en disant :
« Celui-là, nous l'avons trouvé
à pervertir notre nation :
il empêche de donner des tributs à César,
et il se dit lui-même messie, roi ! »

Tu es le roi des juifs //Mt **27**,11-14 Mc **15**,2-5 Jn **18**,33-38

3 Pilate le questionne en disant :
« Toi, tu es le roi des juifs ? »
Il répond et lui dit :
« Toi, tu le dis. »
4 Pilate dit aux grands prêtres et aux foules :
« Je ne trouve aucun motif en cet homme. »
5 Mais ils insistent en disant :
« Il soulève le peuple :
il enseigne à travers la Judée entière
et, après avoir commencé par la Galilée, jusqu'ici ! »

Devant Hérode

6 Pilate a entendu, il interroge :
si l'homme est Galiléen ?
7 Quand il reconnaît qu'il est sous l'autorité d'Hérode,
il le défère à Hérode,
qui est lui aussi à Jérusalem en ces jours.
8 Hérode, quand il voit Jésus,
se réjouit à l'extrême.
Car il était, depuis un bon moment, désireux de le voir,
à cause de ce qu'on entend de lui :
il espérait voir un signe qui arrive par lui.
9 Il l'interroge avec un bon nombre de paroles.
Lui, ne lui répond rien.
10 Les grands prêtres et les scribes se tiennent là
et l'accusent avec véhémence.
11 Hérode, avec ses troupes, le regarde comme rien,
le bafoue, l'enveloppe d'un habit éclatant
et le défère à Pilate.
12 Ils deviennent amis l'un de l'autre,
Hérode et Pilate, en ce jour même.
Car jusque-là il y avait inimitié entre eux.

Retour à Pilate

13 Pilate convoque
les grands prêtres et les chefs et le peuple.
14 Il leur dit :
« Vous m'avez présenté cet homme
comme détournant le peuple.
Et voici :

moi-même, en face de vous, après avoir instruit l'affaire,
je n'ai rien trouvé en cet homme
des motifs dont vous l'accusez.
15 Mais Hérode non plus,
car il l'a déféré devant nous.
Et voici :
rien qui soit digne de mort
n'a été commis par lui.
16 Donc, après l'avoir châtié, je le renverrai. »

Barabbas //Mt **27**,15-19 Mc **15**,6-10 Jn **18**,39-40

18 Ils vocifèrent tous ensemble en disant :
« Supprime celui-ci et renvoie-nous Barabbas »
19 – lequel, à cause d'une révolte survenue dans la ville
et d'un meurtre,
avait été jeté dans la prison.

Mets-le en croix ! //Mt **27**,20-26 Mc **15**,11-15

20 De nouveau, Pilate les interpelle :
il désire renvoyer Jésus.
21 Eux, ils hurlaient en disant :
« Lui, en croix ! en croix ! »
22 Pour la troisième fois, il leur dit :
« Enfin, qu'est-ce qu'il a fait de mal, celui-là !
Je ne trouve en lui aucun motif de mort.
Donc, après l'avoir châtié, je le renverrai. »
23 Mais ils le pressent à pleine voix
en demandant qu'il soit mis en croix :

leurs voix se font plus fortes.
24 Et Pilate prononce
qu'il en soit selon leur demande.
25 Il renvoie celui qui, pour révolte et meurtre,
avait été jeté en prison
– celui qu'ils demandaient.
Et Jésus,
il le livre à leur volonté.

Simon de Cyrène //Mt **27**,31-34 Mc **15**,20-23

26 Comme ils l'emmènent,
ils saisissent un certain Simon, de Cyrène,
qui venait d'un champ.
Ils lui imposent la croix
à porter derrière Jésus.

Les filles de Jérusalem

27 Le suivait une multitude nombreuse du peuple
et de femmes qui se lamentaient et sanglotaient sur lui.
28 Jésus se tourne vers elles et dit :
« Filles de Iérousalem,
ne pleurez plus sur moi.
Plutôt sur vous-mêmes, pleurez !
et sur vos enfants !
29 Parce que viennent des jours où on dira :
'Heureuses les stériles,
et les ventres qui n'ont pas mis au monde,
et les seins qui n'ont pas nourri !'

30 Alors on commencera à dire aux montagnes :
'Tombez sur nous !'
et aux collines :
'Couvrez-nous !'
31 Parce que, si on fait cela au bois vert,
qu'arrivera-t-il au sec ? »
32 Ils amènent aussi deux autres malfaiteurs,
pour être exécutés avec lui.

Jésus en croix //Mt **27**,35-44 Mc **15**,24-32

33 Et quand ils viennent au lieu appelé Crâne,
là, ils le mettent en croix,
et les malfaiteurs, un à droite et un à gauche.
34 Jésus disait :
« Père, remets-leur,
car ils ne savent ce qu'ils font. »
Ils répartissent ses vêtements
en jetant les dés.
35 Le peuple se tient là et regarde.
Les chefs aussi se moquent en disant :
« D'autres, il les a sauvés,
qu'il se sauve lui-même !
s'il est, lui, le messie de Dieu, l'élu ! »
36 Les soldats aussi le bafouent :
ils s'approchent, lui présentent du vinaigre.
37 Ils disent :
« Si toi, tu es le roi des Juifs,
sauve-toi toi-même ! »
38 Il y avait aussi une inscription au-dessus de lui :
LE ROI DES JUIFS.

Le bon larron

39 Un des malfaiteurs suspendus
blasphémait contre lui en disant :
« Tu es le messie, n'est-ce pas ?
Sauve-toi toi-même,
et nous aussi ! »
40 Mais l'autre répond en le rabrouant, il dit :
« Tu ne crains pas Dieu,
toi qui es sous la même condamnation ?
41 Pour nous, c'est justice :
ce que nous avons commis
mérite ce que nous encaissons.
Mais lui n'a rien commis de criminel. »
42 Et il disait :
« Jésus, souviens-toi de moi
quand tu viendras dans ton royaume ! »
43 Et il lui dit :
« Amen, je te dis :
aujourd'hui, avec moi tu seras dans le paradis ! »

Jésus meurt sur la croix //Mt **27**,45-56 Mc **15**,33-41 Jn **19**,28-30

44 C'est déjà à peu près la sixième heure.
Et une ténèbre survient sur la terre entière,
jusqu'à la neuvième heure :
45 Le soleil s'éclipse.
Le voile du sanctuaire se fend au milieu.
46 Jésus crie d'un grand cri, il dit :
« Père, en tes mains je remets mon esprit. »

Cela dit,
il expire.

47 Le chef de centaine, voyant ce qui est arrivé,
glorifiait Dieu en disant :
« En réalité, cet homme était juste ! »

Les foules et les femmes

48 Toutes les foules accourues ensemble pour regarder,
ayant regardé ce qui est arrivé,
s'en revenaient, en se frappant la poitrine.
49 Tous ceux qui le connaissaient
se tenaient à distance.
Et les femmes,
qui l'avaient accompagné depuis la Galilée,
elles voyaient cela.

La sépulture //Mt **27**,57-61 Mc **15**,42-47 Jn **19**,38-42

50 Et voici un homme, du nom de Joseph,
c'était un conseiller, un homme bon et juste :
51 il n'avait approuvé ni leur dessein ni leur agissement ;
originaire d'Arimathie, ville des Juifs,
il attendait le royaume de Dieu.
52 Il s'approche de Pilate
et demande le corps de Jésus.
53 Il le descend,
l'enserre dans un drap
et le met dans une sépulture
taillée en plein roc,

où personne encore n'avait été posé.
54 C'était le jour de la Préparation,
et le sabbat brillait.
55 Elles suivent de près, les femmes,
celles qui étaient venues avec lui depuis la Galilée :
elles observent le sépulcre
et comment a été mis son corps.
56 Elles reviennent
et préparent aromates et parfums.
Le sabbat, elles se tiennent tranquilles
selon le commandement.

Extrait de
Les Évangiles, les quatre
traduit par sœur Jeanne d'Arc
DDB, 1992.

Ces questions qui demeurent

1 Que disent les évangiles sur la Passion de Jésus ?

Les quatre évangiles sont attribués à des auteurs dont la tradition chrétienne donne les noms : Matthieu, Marc, Luc et Jean. En fait, les historiens sont aujourd'hui assez réservés pour identifier, derrière ces noms, les apôtres Matthieu ou Jean ou encore les compagnons de voyage de saint Paul, Marc et Luc. Il faut bien admettre que la personnalité réelle des auteurs nous échappe. Cela n'invalide aucunement les récits. Ceux-ci, écrits à une ou plusieurs mains anonymes, sont nés au cours du Ier siècle, dans des communautés chrétiennes du bassin méditerranéen en quête de leurs origines. Et les origines plongent – c'est alors une conviction de foi – dans la mort et la résurrection de Jésus le Christ. Saint Paul, vers 57, le dit aux gens de Rome : *« Ignorez-vous que nous tous, baptisés en Jésus Christ, c'est en sa mort que nous avons été baptisés ? [...] Puisque nous avons été totalement unis, assimilés à sa mort, nous le serons aussi à sa Résurrection »* (Rm 6,3-5).

Ce que Paul dit sur le mode du discours théologique, les évangiles vont le dire sur le mode narratif. Chacun raconte à sa manière l'itinéraire de Jésus. Commencé en Galilée, il se termine à Jérusalem. Mais, intimement lié à l'itinéraire de

Jésus, il y a aussi celui des disciples, dont les écrivains et les premiers lecteurs sont en quelque sorte les descendants. Tout au long du parcours, les disciples vont voir et entendre Jésus, s'étonner, avoir peur et même, en finale, fuir au jardin de Gethsémani. Ils seront, sauf quelques femmes et le « disciple bien-aimé » évoqué par Jean, absents de la crucifixion. Est-ce la fin du récit ? Non. Au matin de Pâques, Jésus Ressuscité leur donne rendez-vous, les rejoint et les envoie. Pour eux, c'est un nouveau commencement, désormais « hors texte » (seul Luc, dans le livre des *Actes des apôtres*, en racontera certains épisodes). L'Église, dans ses diverses composantes historiques, vient de là.

Clés pour comprendre les récits

C'est donc sur un espace vide, la béance d'un tombeau où il n'y a plus de défunt à honorer, que commencent à s'élaborer les évangiles. Avant d'être écritures, ils sont relectures d'un parcours, compréhension des événements qui se sont accélérés lors de l'ultime semaine, une semaine qui touchait le début de la Pâque juive, une semaine que l'on avait cru chaos alors qu'elle était traversée d'une lumière inattendue.

Pour saisir ce processus, il faut se reporter à un épisode célèbre que seul Luc raconte et qui fut magnifié par Titien ou Rembrandt : les « pèlerins » d'Emmaüs (Lc 24,13-35). Parvenu au terme de sa narration, l'écrivain éprouve en effet le besoin de dévoiler, en une extraordinaire « mise en abyme », les procédures qui ont été les siennes au fil du texte. Dans leur regard sur le passé, les voyageurs qui s'éloignent de Jérusalem désespèrent de trouver un sens positif à la mort de Jésus ; la découverte du tombeau vide n'a fait qu'ajouter un point d'interrogation. Aligner des faits, ce n'est pas encore les comprendre. La compréhension ne viendra qu'au bout d'une vaste relecture, effectuée avec eux par le Ressuscité lui-même et qui fait appel aux Écritures. Du coup, le récit de Luc – mais tout aussi bien ceux de Matthieu, Marc et Jean – s'avoue être né de personnes qui, au départ, étaient *« sans intelligence, cœurs lents à croire à tout ce qu'ont dit les prophètes »* (Lc 24,25). Pour sortir de cette cécité, il a fallu faire place au Ressuscité (qui se proposait sans s'imposer) et accepter de passer par la mémoire scripturaire d'Israël. La connaissance intime du projet de Dieu – que les premiers chrétiens appellent « salut » – est à ce prix. Ce n'est pas tout : curieusement peut-être pour un esprit du XXIe siècle, le déclic qui cristallise les acquis du parcours interprétatif se réalise dans une pratique liturgique du groupe chrétien, la « fraction du pain », elle même ancrée dans un geste qui, par avance, a donné un sens à la Passion et qu'on appelle « la Cène » : *« Il prend un pain, rend grâce, partage, leur donne en disant : "Ceci est mon corps, donné pour vous : cela, faites-le en mémoire de moi." »* (Lc 22,19 et 24,31).

Le texte évangélique est ainsi tissé, tressé, de fils scripturaires (d'où les nombreuses références au prophète Isaïe ou aux psaumes en particulier), de vocabulaire pascal (« se lever », « être réveillé », « vivre », « être exalté », une palette mouvante qui oriente le lecteur vers l'accomplissement d'une espérance attendue et néanmoins surprenante : la fin du monde) et de motifs qui, reçus du Christ, structurent la vie de l'Église. Est-ce à dire qu'un historien contemporain ne puisse mener une enquête et tenter de remonter, via les textes de la tradition chrétienne, vers les faits eux-mêmes ? Non, bien sûr. L'entreprise, engagée sur d'autres bases, est tout aussi risquée et passionnante. Elle peut même permettre de mieux appréhender le discours chrétien. Avant de nous y lancer, prenons la mesure des développements évangéliques.

Une trame commune, quatre versions

Les évangiles ont été mis par écrit en grec, sans doute sur papyrus, vingt, trente ou quarante ans après les faits. Les scribes chrétiens ont disposé les péripéties avec art, soignant la montée dramatique vers les derniers jours. Plus les quatre récits avancent vers le moment de la mort de Jésus et plus leur rythme se ralentit. Cela crée un effet de distorsion avec l'Histoire, si tant est que nous puissions en reconstituer la chronologie.

Si nous considérons, par exemple, le baptême dans le Jourdain comme le début de l'activité de Jésus, celle-ci s'est déroulée sur au moins trois ans. En effet, l'évangile de Jean – mais lui seul – laisse entendre que Jésus a célébré trois fêtes de Pâque à Jérusalem (voir Jn 2,13s, 6,4 et 11,55). Mais Jean ne consacre que la moitié de son récit à ces trois années : onze chapitres sur vingt et un dans nos éditions actuelles de la Bible. A la fin du chapitre 11, la mort de Jésus est décidée par le grand prêtre Caïphe (Jn 11,49-53). Le temps se dilate. Les six jours qui précèdent la Pâque sont alors racontés en un chapitre (Jn 12,1) mais la dernière soirée se déploie sur cinq chapitres (Jésus y prononce de longs discours qui s'appellent et se recouvrent l'un l'autre comme la houle d'une mer, voir Jn 13 à 17) ! Puis deux chapitres (Jn 18-19) concentrent en quelques heures arrestation, procès, crucifixion, mise au tombeau. Les chapitres finals sont, eux, calés sur le « premier jour de la semaine » (Jn 20,1.19.26) et permettent à l'inouï de la Résurrection de se frayer un chemin vers la conscience du lecteur. Ces derniers jours occupent donc autant de place que les années précédentes. Car ils pourraient bien en être l'orient qui, rétrospectivement, illumine l'ensemble.

Dans l'évangile de Matthieu, ces mêmes faits sont racontés sur huit chapitres (Mt 21-28), dans l'évangile de Marc, six

(Mc 11-16) et dans l'évangile de Luc, cinq (Lc 19,29-24,53). De l'entrée à Jérusalem aux apparitions du Ressuscité, cela prend, à chaque fois, presque le tiers du récit.

Tous suivent à peu près une même trame que l'on peut résumer comme suit.

Une nuit, après un dernier repas avec ses disciples, Jésus est arrêté dans un endroit connu de Judas. Abandonné des siens, interrogé par le grand prêtre Caïphe, il est déféré au matin devant le gouverneur Pilate. Celui-ci, après un procès expéditif, le condamne à la crucifixion, sentence exécutée dans un lieu nommé Golgotha. Puis le cadavre de Jésus est mis dans un tombeau. Nous sommes à la veille d'un sabbat. Le lendemain du sabbat, des femmes découvrent que son tombeau est vide.

Voilà pour la trame commune. C'est trop peu dire sur le sens. Il faut aborder les divergences, les contradictions, les points d'insistance et les silences. Il faut laisser chaque voix évangélique moduler ses nuances propres. Peut-être alors pourrons-nous nous frayer un chemin, surpris, dubitatifs ou éblouis, vers la vérité de ce qui s'est passé en ces jours-là.

Le soir

Pour Matthieu et Marc, le dernier repas de Jésus est un repas pascal. En le racontant, ils passent sous silence le rituel de l'agneau immolé pour ne retenir que des paroles de partage sur le pain d'abord, sur une coupe de vin ensuite (le rituel juif en comporte quatre). Cela nous donne un indice important : la pratique ultérieure du repas chrétien « eucharistique » a été le prisme par lequel cette soirée a été relue.

Luc, sur le même schéma narratif, mentionne deux coupes et s'attarde sur un discours d'adieu. Jean, lui aussi, rapporte des discours d'adieu mais ils n'ont que peu à voir avec celui de Luc. Enfin, Jean ne dit rien du repas qui – nous y reviendrons – ne peut être, chez lui, un repas pascal. Avant les discours, il raconte un geste étonnant (prophétique ?) : le lavement des pieds.

Au milieu de la nuit

Après le repas, Jésus et ses disciples se rendent sur le mont des Oliviers, au domaine de Gethsémani. Matthieu, Marc et Luc situent ici un moment d'angoisse de Jésus. Jésus est arrêté par une troupe que mène Judas alors que ses disciples s'enfuient. Il est conduit chez Caïphe. Marc et Matthieu précisent qu'il est alors interrogé par le Sanhédrin. Or Luc n'en dit rien, pas plus que Jean qui, par contre, parle d'une entrevue avec un ancien grand prêtre, Hanne. Durant la nuit, Jésus est insulté plusieurs fois alors que Pierre, qui s'est glissé dans la cour du grand prêtre, renie son maître au petit matin, au chant du coq.

Au matin

Au matin, le Sanhédrin se réunit une deuxième fois (selon Matthieu et Marc) ou une première fois (selon Luc) et il défère Jésus devant le gouverneur Pilate. C'est alors que, selon Matthieu, Judas se pend (Luc donnera une autre version de cette mort au début du livre des *Actes des apôtres*).

Du procès romain, les évangélistes mettent d'emblée en valeur ce qui semble le principal motif d'accusation : le titre de « Roi des Juifs » (la scène est plus développée chez Jean qui, un peu plus tard, rapporte une entrevue privée entre Jésus et Pilate). Selon Luc, et lui seul, le procès est entrecoupé d'un passage devant le roi Hérode. Les évangélistes montrent un Pilate hésitant à relâcher l'accusé (Matthieu signale même que sa femme est intervenue en faveur de celui-ci). Acculé, selon une coutume locale, à libérer l'émeutier Barabbas plutôt que Jésus, il condamne celui-ci à la crucifixion. Marc, Matthieu et Jean précisent qu'il le fait flageller et que les soldats lui fabriquent une couronne d'épines.

La neuvième heure

Nous devons être en fin de matinée quand Jésus est emmené au lieu dit « le Crâne ». Par qui ? Par les soldats (selon Matthieu et Marc) ou par les autorités juives (selon Luc et Jean) ? Le long du chemin, seul Luc raconte la douleur des femmes de Jérusalem. Et seul Jean omet de dire que la croix est portée par un nommé Simon de Cyrène. Jésus est crucifié entre deux autres condamnés. Luc rapporte un bref dialogue avec le « bon larron ». Les vêtements sont partagés (Jean insiste sur la tunique sans couture). A un moment donné, on fait boire à Jésus du vinaigre. Une inscription porte le motif de la condamnation : « Roi des Juifs ».

Ni Marc, ni Matthieu, ni Luc (qui pourtant lui donne une place importante au début de son évangile) ne mentionnent la mère de Jésus. Seul Jean rapporte un bref dialogue entre Jésus, sa mère et le « disciple bien-aimé » (à l'identité mystérieuse). Avant que Jésus expire, Matthieu, Marc et Luc auront rapporté qu'une obscurité couvre le pays de la sixième à la neuvième heure (de midi à trois heures), ce qui semble être le temps entre la mise en croix et le dernier souffle. Les derniers mots de Jésus varient suivant les récits.

Avant la mort (selon Matthieu et Marc) ou après (selon Luc), le rideau du Temple se déchire. Le fait est ignoré de Jean qui ignore aussi la « profession de foi » du centurion dont les mots, d'ailleurs, diffèrent suivant Matthieu, Marc ou Luc. Des femmes sont présentes au pied de la croix. Matthieu, Marc et Jean citent en particulier Marie de Magdala.

Après la mort, seul Jean rapporte qu'on ne brisa pas les os

des jambes de Jésus mais qu'un soldat perça son flanc d'un coup de lance. Et seul Matthieu rapporte d'une part un séisme suivi de morts qui ressuscitent et d'autre part la mise sous bonne garde du tombeau par les autorités juives.

La mise au tombeau a été effectuée par un notable, Joseph d'Arimathie, aidé, selon Jean, du pharisien Nicodème. Matthieu, Marc et Luc signalent que des femmes sont témoins de l'ensevelissement. Nous les retrouverons le surlendemain, mais comme témoins étonnées de l'absence de corps et plus bouleversées encore par le message de vie qu'elles reçoivent.

*

Ce parcours n'est pas une reconstitution historique, mais un essai pour suivre en parallèle les quatre versions. Nous avons entendu les quatre voix se mêler, se superposer parfois, se distinguer de temps à autre. Des accords sont apparus mais aussi des dissonances et des motifs singuliers. Il y a là une originalité qui distingue la Bible d'autres livres sacrés : il n'y a pas une voix unique que le lecteur serait tenté d'absolutiser. Si, pour la foi chrétienne, Jésus le Christ est Parole de Dieu, cette Parole unique s'atteint à travers quatre récits particuliers.

La dernière parole de Jésus

Elle varie suivant les évangélistes, donnant sa couleur à chaque récit. Elle est sombre pour Matthieu et Marc puisqu'il s'agit de « Mon Dieu, mon Dieu, pourquoi m'as-tu abandonné ? » (Mt 27,46 et Mc 15,34 reprenant le Ps 22,2). Elle est confiante chez Luc : « Père, entre tes mains, je remets mon esprit » (Lc 23,46 reprenant le Ps 31). Elle est apaisée chez Jean : « Tout est achevé » (Jn 19,30).

En ajoutant les citations de Lc 23,34.43 et de Jn 19,26-27.28, une tradition a créé la séquence des « Sept paroles du Christ en croix » mises en musique par Heinrich Schütz (1645), Joseph Haydn (1787) ou Sofia Goubaïdulina (1982). La répartition des paroles commence par Luc 23,24 et se termine par Lc 23,46 alors que le cri du Ps 22 est placé au centre de la composition : pardon et confiance tempèrent ainsi le sentiment d'abandon. La piété relaie ici les tensions entre les récits évangéliques.

2 De quelles sources disposons-nous en dehors des évangiles ?

Pour connaître ce qui s'est passé, l'historien dispose avant tout des évangiles, tels que nous venons de les parcourir. En dehors d'affirmations réitérées dans les lettres de Paul, les autres témoignages sont de peu de poids – quelques phrases des Latins Tacite, Suétone ou Pline le Jeune, un paragraphe de l'historien juif Flavius Josèphe, une note du Talmud de Babylone, une lettre d'un Syrien nommé Mara bar Sérapion et un écrit chrétien intitulé *L'évangile de Pierre*.

Les témoignages externes

Dans ses *Annales*, rédigées vers l'an 116, l'historien Tacite raconte que l'empereur Néron rendit les chrétiens responsables de l'incendie de Rome en 64 et les châtia en conséquence (*Annales* XV, 44). Tacite explique que le nom de chrétiens vient de « Christos » qui a été supplicié par le procurateur Pilate sous Tibère. Tacite ne précise ni les raisons, ni le type de supplice en question. Son contemporain Suétone (*Vie de Néron*, XVI, *Vie de Claude*, XXV) n'est pas plus disert. *Idem* pour Pline le Jeune, gouverneur de Bithynie, qui informe son ami Trajan de la vie fraternelle et du culte des chrétiens (ils chantent régulièrement une hymne à Christ « comme à un dieu ») (*Lettre à Trajan* n° 96, vers 112).

Une lettre de Mara Bar Sérapion stoïcien syrien à son fils en dit un peu plus. Elle établit des parallèles entre la mort de sages et des catastrophes. Ainsi les Juifs ayant crucifié leur « roi sage », à partir de ce temps-là, « leur royaume leur fut enlevé ». L'allusion aux guerres juives de 70 et/ou 135. Malheureusement, il est difficile de la dater avec précision.

Toutes ces informations sont maigres. Rien sur le supplice et juste une vague indication de date « sous le procurateur Pilate » (entre 26 et 36). Les témoignages juifs anciens, pour être rares, sont plus intéressants.

L'historien Flavius Josèphe (37 ?-100), dans un vaste panorama des courants religieux du judaïsme avant la guerre juive de 66-70, consacre une note à Jésus (*Antiquités juives* XVIII, 63-64). Transmise sous diverses formes, elle a été plus ou moins retouchée par des copistes chrétiens. Là, il est explicitement question de la crucifixion. Et si la cause de la condamnation n'est pas dite, le succès de la prédication de Jésus, sa possible identité de Messie et la mention de la foi des disciples en sa Résurrection brossent un portrait déjà complexe.

De ce monument du judaïsme qu'est le Talmud, recueil de discussions et de commentaires rabbiniques de la Torah d'Israël (en gros la Bible juive), on peut juste retenir une « baraïta » ou tradition secondaire qui pourrait remonter au IIe siècle de notre ère. Elle concerne la mort de Jésus. La date est précisée : il s'agit de la veille de Pâque (comme dans l'évangile de Jean). Le supplice envisagé avait d'abord été la lapidation avant de devenir la « pendaison » (peut-être un autre nom pour la crucifixion). Le rôle du gouverneur romain est passé sous silence. Mais surtout une raison est avancée : « il a pratiqué la sorcellerie et trompé et égaré Israël. » Nous y reviendrons.

Flavius Josèphe

« Vers le même temps vint Jésus, homme sage [si toutefois il faut l'appeler un homme]. Car il était un faiseur de miracles et le maître des hommes qui reçoivent avec joie la vérité. Et il attira à lui beaucoup de Juifs et beaucoup de Grecs. [C'était le Christ.] Et lorsque sur la dénonciation de nos premiers citoyens, Pilate l'eut condamné à la crucifixion, ceux qui l'avaient d'abord chéri ne cessèrent pas de le faire, [car il leur apparut trois jours après ressuscité, alors que les prophètes divins avaient annoncé cela et mille merveilles à son sujet]. Et le groupe appelé après lui chrétien n'a pas encore disparu. » *Antiquités juives*, XVIII, 63-64.

Flavius Josèphe (v. 37-v. 100) est un historien juif du Ier siècle. Pharisien désireux de faire connaître le monde juif aux Romains, il est l'auteur, outre les Antiquités juives, *d'une* Guerre des Juifs. *Dans le texte cité, les passages mis entre crochets sont litigieux. Certains y voient des interpolations de copistes chrétiens.*

Tacite

« Néron supposa des coupables et infligea des tourments raffinés à ceux que leurs abominations faisaient détester et que la foule appelait chrétiens. Ce nom leur vient de Christ que, sous le principiat de Tibère, le procurateur Ponce Pilate avait livré au supplice. Réprimé sur le moment, cette détestable superstition perçait de nouveau non seulement en Judée où le mal avait pris naissance, mais encore à Rome où ce qu'il y a de plus affreux et de plus honteux dans le monde afflue et trouve une nombreuse clientèle. » *Annales*, XV, 44.

Tacite (v. 55-v. 120), historien romain, est l'auteur des Annales *et des* Histoires. *Dans ce texte il fait référence à l'incendie qui ravagea Rome en 67.*

Pline le Jeune

« Toute leur faute ou toute leur erreur, selon eux, s'était bornée à des réunions régulières à date fixe, avant le lever du jour, et au chant commun d'un hymne au Christ comme à un dieu ; ils s'engageaient également par serment non pas à accomplir tel ou tel crime, mais à ne pas commettre de vols, d'extorsions ou d'adultère, ni à revenir sur une foi jurée ou à nier un dépôt réclamé. » *Lettres*, 96.

Pline le Jeune (61-v. 114), gouverneur de Bithyne et du Pont, au nord de l'Asie Mineure, écrit, entre 111 et 113, à l'empereur Trajan. Cette notation intervient dans le cadre d'un mouvement de répression du christianisme. Pline qui a fait arrêter nombre de chrétiens, les a interrogés. Le passage retranscrit la réponse-défense que lui ont opposée les chrétiens.

Suétone

« Comme les Juifs se soulevaient continuellement à l'instigation de Chrestus, il (Claude) les chassa de Rome. » *Vie de Claude*, 4.

Suétone (v. 70-après 128). Historien latin, il est l'auteur des Vies des douze Césars. *Dans ce passage, qui évoque un édit de l'empereur Claude, promulgué en 41-42 ou en 49, décrétant l'expulsion des Juifs de Rome, Suétone ne fait pas allusion aux chrétiens précisément mais aux Juifs. Durant cette période en effet les tensions messianiques agitaient les populations juives de l'Empire. Or, le terme grec pour dire Messie est Christos, latinisé Chrestus, si bien que les non-juifs avaient pris l'habitude de relier ces mouvements à la figure d'un Chrestus.*

Talmud de Babylone

« A la veille de la Pâque, ils pendirent Jésus de Nazareth et le héraut le précéda pendant quarante jours disant : "Jésus de Nazareth va être lapidé car il a pratiqué la sorcellerie et trompé et égaré

Israël. Que celui qui connaît quelque chose pour sa défense vienne et plaide pour lui." Mais ils ne trouvèrent rien en sa défense et le pendirent à la veille de Pâque. » T.B. *Sanhédrin*, 43, a.

Le texte, qui se trouve dans le Talmud de Babylone, provient d'une ancienne tradition, propre aux milieux juifs, et qui pourrait remonter au IIe siècle.

Les témoignages internes

Notre principale source, en dehors des évangiles, sont les lettres rédigées par Paul ou qui lui sont attribuées. Elles datent pour la plupart d'avant les années 60, c'est-à-dire avant le moment où les évangiles sont mis en forme.

Les renseignements proprement historiques sont rares. Ici, Paul en colère reproche aux Juifs *« d'avoir tué le Seigneur Jésus et les prophètes »* et d'avoir *« persécuté »* les apôtres (1 Th 2,15-16). Là, Paul rappelle que la pratique du *« repas du Seigneur »* (devenu ensuite l'eucharistie) est fondée sur ce qui s'est passé la nuit où le Seigneur *« fut livré »* (1 Co 11,20-29). Ailleurs, il parle d'une *« belle profession de foi »* rendue par Jésus devant Ponce Pilate (1 Tim 6,13 : s'agit-il de ce qui est rapporté en Jn 18,36-37 sur la royauté et la vérité ?).

La lettre aux Hébreux, longue réflexion d'un auteur anonyme sur le « sacrifice » du Christ, datée d'avant 70 (le Temple de Jérusalem semble toujours debout), fait allusion à divers moments de la Passion, à commencer par l'angoisse de Gethsémani (prière, larmes et obéissance filiale, He 5,7-10). C'est l'un des rares passages néo-testamentaires qui insiste avec émotion sur les souffrances vécues.

Mais ce qui revient en force dans la prédication de Paul, ce ne sont pas les détails, mais le fait massif, cœur de la foi chrétienne, auquel les théologiens ont donné le nom de

« kérygme » et que le seul mot « croix » suffira bientôt à évoquer : la mort et la résurrection proclamées dans un même souffle. Luc, dans les *Actes des apôtres*, s'y réfère aussi : *« Que toute la maison d'Israël le sache avec certitude : Dieu l'a fait Seigneur et Christ, ce Jésus que vous, vous aviez crucifié »* (Ac 2,36). En 1 Co 15,1-11, le kérygme se déploie : *« Christ est mort... a été enseveli... est ressuscité... est apparu... »*. Un récit se dessine, il sera fondateur, tout comme l'est, d'une autre manière, l'Exode pour le peuple d'Israël. Or, dans cette histoire qu'il raconte, Paul est lui-même entré un jour. Son destin est désormais inséparable de ce qu'il proclame. Il y est entré par le biais de l'événement pascal, plus exactement par le biais d'une « apparition » du Ressuscité. La compréhension de son histoire personnelle comme du récit fondateur est indissociable d'une recherche scripturaire (tout s'est passé « selon les Écritures »). Nous avons là en germe les caractéristiques principales des récits de la Passion : un événement qui est *« scandale pour les Juifs, folie pour les païens »* (1 Co 1,23), une clé d'interprétation pascale qui fait droit aux Écritures d'Israël, un impact vital sur les auditeurs qui y accordent foi.

L'historien avait observé dans les sources externes une indifférence teintée de mépris (Tacite), une relative bienveillance (Flavius Josèphe) ou les traces d'une histoire douloureuse (Talmud). Il retient des sources internes les principes qui ont présidé à la mise en récit de la « croix ». Il remarque en passant que si l'histoire racontée a une visée universelle, elle s'est déroulée d'abord par et au milieu des Juifs. Un regard sur les responsabilités romaines – qui seront toujours considérées comme secondaires – ne va venir que dans un deuxième temps.

Un récit d'origine syrienne du début du IIe siècle dont il subsiste un très long fragment, *L'évangile de Pierre*, minimisera néanmoins lui aussi le rôle de Pilate et chargera les Juifs (ils outragent et crucifient Jésus). La crucifixion est décrite avec autant de sobriété que dans les évangiles canoniques, mais la résurrection s'effectue devant une foule de témoins. Ce récit – du moins ce qu'il en reste – ne peut servir à savoir ce qui s'est passé. On en retiendra une expression appuyée du « kérygme » : le Ressuscité est suivi de la croix dans sa montée vers le ciel. On notera aussi le lien de cause à effet entre la crucifixion et la fin de Jérusalem, déjà suggéré par Matthieu 27,25 (*« Que son sang retombe sur nous »*) et qui sera reprise par Mara Bar Sérapion.

3 Quelle valeur accorder aux évangiles canoniques ?

Les récits évangéliques « canoniques » que l'Église se transmet depuis des générations et qui alimentent sa foi ont une valeur historique, par-delà leurs préoccupations théologiques. Certains de leurs éléments ne se justifient pas uniquement par les procédures interprétatives. Mais, en même temps, l'historien bute sur un fait qui pourrait lui être d'un grand secours : la diversité des récits sur les mêmes faits.

Vraisemblance de la trame et des détails

La trame principale et le monde des récits restent de l'ordre du vraisemblable ; ainsi les personnalités de Caïphe ou Pilate sont bien attestées par ailleurs. On ajoutera que les évangiles proposent des détails qu'ils n'ont sûrement pas inventés, à commencer par les supplices de la flagellation et de la crucifixion, infamants aussi bien pour un Juif que pour un Romain.

N'a-t-il pas fallu attendre le Ve siècle pour qu'apparaissent des représentations du crucifié ?

En outre, bien des traits semblent comme des souvenirs accrochés à la mémoire des premiers chrétiens : personnages, lieux, objets. Pour les personnages, Simon de Cyrène et ses fils Alexandre et Rufus (connus de Marc), le notable Joseph d'Arimathie, ou la présence des deux autres condamnés (les évangélistes, sauf Luc, peinent à leur donner une place dans leur dispositif narratif). Doit-on relever aussi le rôle peu glorieux joué par les disciples, conservé par ceux-là qui ont reçu l'Évangile de leur bouche ? Pour les lieux, même s'il est difficile de les identifier sur le terrain, il y a Gethsémani, le Lithostrôtos/Gabbatha, le prétoire de Pilate et le Golgotha. Pour les objets, l'écriteau « Roi des Juifs », titre que les chrétiens n'appliqueront jamais à Jésus.

Cela dit, on a vu que les voix évangéliques se mêlent, se distinguent, se contredisent. Il reste des énigmes : un procès juif en présence du Sanhédrin avant le procès devant Pilate est-il de l'ordre du possible ? Ou encore quelle est la date de la mort de Jésus ? Selon Matthieu, Marc et Luc, le dernier repas est un repas pascal et Jésus est crucifié le premier jour de la Pâque. Selon Jean, au contraire, Jésus meurt la veille du premier jour de la Pâque, à peu près à l'heure où les agneaux sont préparés pour le repas pascal (qu'il n'a donc pu manger). Qui croire ?

Quand Jésus est-il mort ?

« Les quatre évangiles tombent d'accord pour fixer la mort de Jésus un vendredi, veille du sabbat. Ils divergent en ce que, d'après les trois premiers, ce vendredi est *le jour même de la Pâque*, le 15 nisan

(Jésus et ses disciples ont participé au repas pascal la nuit précédente), alors que selon l'évangile de Jean ce vendredi est le 14 nisan, *veille de la Pâque.*

L'argument principal en faveur d'une crucifixion le vendredi 15 nisan est le repas pascal de Jésus avec ses disciples la veille de ce jour. En faveur du caractère véritablement pascal de ce repas on peut faire valoir des arguments sérieux. En plus du témoignage explicite des évangiles, on notera que ce repas a lieu à Jérusalem et de nuit, comme c'était la règle pour la Pâque. Sans doute, le récit de l'institution de l'eucharistie, pièce essentielle de ce repas, ne comporte aucune mention de la Pâque, mais ce récit est un texte rituel désormais dissocié chez les chrétiens de tout rapport avec le rite juif.

De son côté le quatrième évangile est suspect d'une intention symbolique quand il fixe la mort de Jésus au moment où l'on effectuait l'immolation des agneaux au Temple : n'est-il pas soucieux de mettre en relief le caractère pascal de cette mort et sa référence à l'agneau rituel (« L'agneau de Dieu », Jn 1,29.36 ; « pas un de ses os ne sera brisé », 19,36) ?

Si l'on s'étonne qu'on ait pu procéder à une crucifixion le jour même de la Pâque, il faut se rappeler que les magistrats romains siégeaient tôt le matin et que, d'après Marc, Jésus est crucifié à neuf heures. Le repas pascal, auquel s'étaient adonnés les habitants de Jérusalem, était un repas festif qui comportait des libations et se prolongeait tard dans la nuit, de sorte que le jour de la Pâque ne devait pas voir beaucoup de Juifs se lever avec le soleil. Il était donc possible d'expédier procès et exécution avec le minimum de publicité. »

Simon Légasse, « Les récits de la Passion », Cahiers Évangile *n° 112, SBEV – éd. du Cerf, Paris, 2000, p. 19.*

Accords et désaccords

Le jeu de similitudes et de différences ne concerne pas uniquement la Passion. On le retrouve ailleurs. L'histoire singulière de Jésus a été racontée de façon plurielle. Matthieu, Marc et Luc adoptent en gros la même disposition des faits : mission en Galilée / voyage à Jérusalem / Passion / Résurrection. On remarque cependant que Marc commence son récit par la prédication de Jean-Baptiste alors que Matthieu et Luc remontent jusqu'à la naissance de Jésus, le premier s'attachant au personnage de Joseph et le second à celui de Marie. Jean, de son côté, pour tout ce qui concerne la mission, privilégie Jérusalem plutôt que la Galilée, mentionnant plusieurs voyages vers la Ville sainte au lieu d'un seul.

Parce que l'on peut mettre côte à côte les récits de Matthieu, Marc et Luc, on les a appelés « évangiles synoptiques » (le mot synopse vient du grec et signifie « voir d'un seul coup d'œil »). Cette démarche se révèle d'un grand intérêt pour saisir les particularités de chaque évangile et le rapport des récits à l'Histoire. Prenons l'exemple du début de la scène de l'agonie à Gethsémani.

Une première remarque s'impose : le texte de Luc se distingue nettement de ceux de Matthieu et de Marc. Autre dissemblance : selon Matthieu et Marc, Jésus vient d'annoncer en chemin le reniement de Pierre alors que, selon Luc, cela a été fait au cours du repas.

• **Marc.** Jésus est avec ses disciples. Plus tard, tous s'enfuiront et Jésus mourra dans l'abandon (Mc 15,34). Pour l'instant, il isole Pierre, Jacques et Jean, qui, bien auparavant, avaient été témoins de la *trans-figuration* (Mc 9,2). Ils ne verront pas ici l'exact opposé, la *dé-figuration* où l'effroi absolu, l'angoisse, la tristesse infinie, l'écrasement se saisissent de Jésus conscient d'arriver au temps « eschatologique », fin de l'histoire

Matthieu 26, 36-39

36 Alors Jésus vient avec eux
dans un domaine dit Gethsémani.
Il dit aux disciples :
« Asseyez-vous, là,
pendant que je m'en irai là-bas prier. »
37 Il prend avec lui Pierre et les deux fils de Zébédée.
Il commence à s'attrister, envahi d'angoisse.
38 Alors il leur dit :
« Mon âme est saturée de tristesse, à mort.
Restez ici et veillez avec moi. »
39 Il va un peu en avant,
tombe sur sa face et prie en disant :
« Mon père, s'il est possible,
que passe loin de moi cette coupe !
Cependant, non comme moi je veux,
mais comme toi... »

Marc 14, 32-36

32 Ils viennent dans un domaine
du nom de Gethsémani.
Il dit à ses disciples :
« Asseyez-vous ici
pendant que je prierai. »
33 Il prend Pierre, Jacques et Jean avec lui.
Il commence à être envahi d'effroi et d'angoisse.
34 Il leur dit :
« Mon âme est saturée de tristesse, à mort.
Restez ici et veillez. »
35 Il va un peu en avant,
tombe sur la terre et prie,
pour que, si c'est possible, passe loin de lui l'heure.
36 Il dit :
« Abba, ô père,
tout est possible, à toi !
Emporte cette coupe loin de moi !
Mais non ce que moi je veux,
mais ce que toi... »

Luc 22, 39-44

39 Il sort et va comme de coutume
vers le mont des Oliviers.
Ses disciples aussi le suivent.
40 Arrivé sur le lieu, il leur dit :
« Priez pour ne pas entrer en épreuve. »
41 Il s'arrache d'eux, à environ un jet de pierre.
42 Il fléchit les genoux et prie en disant :
« Père, si tel est ton dessein,
emporte cette coupe loin de moi !
Cependant, que, non ma volonté,
mais la tienne arrive ! »
43 Lui apparaît un ange, du ciel,
qui le réconforte.
44 Il entre en agonie :
plus intensément il prie.
Sa sueur devient comme des caillots de sang,
descendant sur la terre.

humaine et révélation de Dieu (cf. le vocabulaire « veiller », « heure », « coupe »). S'il y a en finale une soumission à la volonté d'un autre, c'est au prix d'un arrachement rendu dramatique par la relation d'intimité filiale avec « Abba », Dieu le Père. La fin de la scène mettra en valeur l'impossibilité pour les disciples de participer à cet effroi comme à cette obéissance.

• **Matthieu**. Il n'est pas très différent ici de Marc. On peut néanmoins remarquer que, des trois disciples, seul Pierre est nommé par son prénom, selon la logique du rôle fondateur que Jésus lui a confié (cf. Mt 16,18-19). De manière générale, Matthieu estompe la violence des attitudes relevées chez Marc : l'effroi fait place à la tristesse, l'écrasement (tomber à terre) devient adoration (tomber sur sa face). Par la suite, la deuxième prière évoquera le Notre Père : « Ta volonté soit faite. » Pour le lecteur, la scène devient exemplaire de la vérité de toute prière, à la fois demande, acceptation et persévérance.

• **Luc**. Jésus marche et ses disciples le suivent. Jésus veut d'abord les préserver de l'épreuve puis il se sépare d'eux. Ni écrasement ni adoration, son attitude est celle de l'orant, « à genoux ». Comme il a enseigné ses disciples à le faire, il dit « Père » à Dieu (Lc 11,2). En ajoutant « si tel est ton dessein », il s'en remet totalement à sa décision. La scène suivante, unique, n'est pas une description réaliste (importance du « comme »). Irruption du ciel. Sang qui coule à terre. Secours. Combat-agonie. Le réconfort divin ne supprime pas la lutte humaine. Poétiquement, le narrateur informe le lecteur que l'alliance nouvelle dans le « sang » célébrée lors du dernier repas (Lc 22,20) se réalise déjà. Jésus a offert librement sa vie à la volonté du Père, avant que les bourreaux ne crucifient son corps. Note finale : les disciples qui le suivaient sont restés en chemin, « ensommeillés de tristesse ». Ils attendent d'être réveillés, d'être ressuscités.

Fait, récits, événement

Marc, Matthieu, Luc : trois regards sur un même fait que nul ne prétend reconstituer. Chaque regard fait partie de l'événement « Évangile ».

Cet événement est la conjonction d'*un fait unique* et de *récits multiples*. Il se réalise au moment de la lecture. La « synopse » sur le début de la scène à Gethsémani suffit à en souligner la double ampleur, en amont, en aval.

En amont des récits, il y a un fait. Jésus, à un moment, a pris peur, a lutté et supplié son Père. La lettre aux Hébreux présente cela sur le mode du discours christologique : *« Au cours de sa vie terrestre, il offrit prières et supplications avec grand cri et larmes à celui qui pouvait le sauver de la mort, et il fut exaucé en raison de sa soumission. Tout Fils qu'il était, il apprit par ses souffrances l'obéissance... »* (He 5,7-8). Les évangiles mettent en œuvre un mode narratif qui fait entendre la même phrase de Jésus *« emporte cette coupe loin de moi »* dans des variations qui vont de l'effroi absolu (Marc) à la prière confiante (Matthieu) ou au combat qui inaugure la nouvelle alliance (Luc). À chaque fois, les disciples sont là, incapables de veiller ou de prier. Qui de Marc, de Matthieu ou de Luc est le plus vrai ? Quel historien pourrait en décider ? D'ailleurs, historiquement, qui a été témoin ? Qui a entendu ? Jésus s'était mis à l'écart et les disciples dormaient !

Je ne mets pas en doute le fait. A tout le moins il rend compte d'une expérience profonde de Jésus comme s'en est souvenu la lettre aux Hébreux, ou, d'une autre manière, l'évangile de Jean. Celui-ci ne rapporte pas de scène semblable dans le jardin de l'arrestation (Jn 18,1). Mais quelques jours avant la dernière Pâque, le grand prêtre ayant décidé de le faire mourir (Jn 11,53), Jésus s'écrie : *« Maintenant mon âme est troublée, et que dirai-je ? Père, sauve-moi de cette heure ? Mais c'est précisément pour cette heure que je suis venu. Père, glorifie ton nom »* (Jn 12,27). Il n'y a pas ici, devant l'imminence de « l'heure » eschatologique, effroi, tristesse ou combat mais « trouble ». Le narrateur johannique ajoute : *« Alors une voix vint du ciel : "Je l'ai glorifié et je le glorifierai encore" »* (Jn 12,28), ce qui, on le reconnaîtra, correspond un peu à l'intervention divine racontée par Luc.

En aval, il y a la lecture. Nous y reconnaissons un déploiement de sens qui nous précède, donné dans un pluriel de formulations. Les trois auteurs, quelles que soient leurs personnalités exactes, ont mis beaucoup d'eux-mêmes dans leurs narrations. Cela fait partie de l'événement « Évangile ». Le lecteur est invité à son tour à engager une démarche interprétative, à poser un acte de foi, à sortir de son sommeil. Certains lecteurs, tel Blaise Pascal ou les héros de Bernanos – le petit curé d'Ambricourt ou la frêle Blanche de la Force – se considèrent alors comme « prisonniers de la sainte agonie ». D'autres, comme Gérard de Nerval ou Alfred de Vigny, y projettent leurs angoisses et leur non-foi : « [...] gémir, pleurer, prier est également lâche... » (Vigny, *Le mont des Oliviers*, 1839.) L'événement « Évangile », comme le Ressuscité sur le chemin d'Emmaüs, se propose, il ne s'impose pas. La lecture est en elle-même un autre fait, plurivoque et sans cesse recommencé, que les historiens commencent à examiner. Mais ceci est une autre histoire...

4 Comment s'est déroulé le procès de Jésus ?

Nous venons de voir, sur l'épisode du mont des Oliviers (Marc et Matthieu appellent le lieu Gethsémani), la profonde originalité de Luc. Concernant les divers interrogatoires qui vont se dérouler, il se distingue là encore de Matthieu et Marc. Quant à Jean, son récit est tout à fait particulier.

Selon Marc (14,43), la troupe qui a arrêté Jésus a été envoyée par les « les grands prêtres, les scribes et les anciens », c'est-à-dire par le grand Sanhédrin de Jérusalem. Jésus est emmené chez le grand prêtre Caïphe. Là, dans la nuit, selon Matthieu et Marc, il est interrogé par le Sanhédrin. Le procès se termine dans les outrages (suivis du reniement de Pierre). Au matin, le Sanhédrin se réunit de nouveau et défère l'accusé devant Pilate.

Or Luc passe sous silence l'interrogatoire nocturne (mais pas le reniement de Pierre) racontant seulement la scène des outrages. C'est au matin qu'a lieu l'instruction par le Sanhédrin suivie immédiatement du transfert devant Pilate. Chez Jean, Jésus est interrogé par le seul ancien grand prêtre Hanne (l'entretien est suivi du reniement de Pierre) qui l'envoie ensuite chez Caïphe. De chez Caïphe, Jésus est mené devant Pilate.

Devant ces différences, la question se pose : que s'est-il réellement passé entre l'arrestation et le procès romain ? Y a-t-il eu un procès juif ou seulement une instruction préalable ? En un seul ou en deux moments ?

Devant le Sanhédrin

Dénoncé par Judas, qui connaissait l'endroit où il se trouvait, Jésus est arrêté vraisemblablement par la police du Temple.

Dans toute cette affaire, les grands prêtres sont les maîtres du jeu. Alors que le Sanhédrin était composé d'anciens, de scribes et de prêtres, ces derniers semblent avoir eu un rôle prédominant. Au point que Jean se concentre sur le seul ancien grand prêtre Hanne (à moins que Matthieu et Marc n'élargissent à tous une instruction qui ne fut menée que par un seul). Seul Luc ne focalise pas son attention sur le grand prêtre : pour lui, ce sont toutes les autorités juives, tant religieuse (le Sanhédrin) que civile (Hérode Antipas), qui ont condamné un innocent.

Suivons le récit de Marc. Le Sanhédrin, grands prêtres en tête, cherche un témoignage pour faire condamner Jésus à mort. Au milieu des arguments avancés, il nous est bien difficile de nous repérer : la parole contre le Temple ne semble même pas relever du mensonge, Jésus ayant effectivement parlé de la ruine du sanctuaire (voir Mc 13,2). Sur ce qu'on imagine être un fond de rumeurs, c'est alors qu'intervient le grand prêtre. Il crée le silence (en l'occurrence, il souligne celui de Jésus) puis, en une question, il précipite l'accusation. Celle-ci se noue autour de ce que le lecteur informé connaît bien : les titres christologiques de Jésus (Messie, Fils de Dieu, Fils de l'homme). L'effet est théâtral : ce que le grand prêtre, en un geste appuyé, déclare « blasphème », c'est le contenu de la foi chrétienne ! L'historien admire la tension dramatique mais réserve son appréciation sur le contenu historique d'un tel entretien.

Y a-t-il eu procès devant le Sanhédrin ? Remarquons d'abord que si la condamnation de nuit a eu lieu, on comprend mal la raison de la séance matinale (pourquoi revenir au matin juste pour légaliser un transfert devant l'autorité romaine ? Au moins Luc est logique en ne racontant qu'une séance). Ensuite, dans l'état actuel de nos connaissances, la procédure est entachée d'irrégularités : le Sanhédrin n'avait plus compétence en matière capitale, il ne pouvait siéger ni de nuit, ni dans le palais du grand prêtre, les séances devaient être publiques. Enfin, comme nous venons de le souligner, le récit suppose les éléments de base de la foi chrétienne.

L'évangile de Jean donne des éléments pour reconstituer un autre déroulement. Jésus est d'abord conduit dans la résidence privée de Hanne, beau-père du grand prêtre en exercice. Une instruction préalable est menée et, peut-être, quelques membres de la classe sacerdotale se réunissent-ils, mais de manière non officielle. C'est là que Jésus est maltraité en attendant le matin. Ce déroulement plus réaliste concernant la procédure ne nous permet pas cependant de juger des arguments de l'accusation. Pourquoi les grands prêtres en veulent-ils tant à Jésus ?

Devant Pilate

Jésus fut ensuite mené devant le tribunal de Pilate (au prétoire, spécifie Jean). Tacite, au début du IIe siècle, se fait écho de la condamnation, sans préciser le motif. Flavius Josèphe, cinquante ans avant lui, indique seulement que cela s'est passé « sur dénonciation de nos premiers concitoyens » (cela peut correspondre au Sanhédrin). Et Pilate est passé dans le « credo » de l'Église comme celui qui ancre historiquement le mystère pascal de Jésus : « [...] crucifié sous Ponce Pilate, il souffrit sa Passion... »

Pilate était, comme représentant de l'empereur de Rome, le seul apte, en la circonstance, à prononcer un arrêt de mort et à le faire exécuter (Jn 18,31). L'inculpation a du être politique mais les récits évangéliques, peu soucieux de doubler les minutes d'un procès, alignent quelques chefs d'accusation possibles : sédition, le titre « Roi des Juifs » ou celui de « Fils de Dieu ». On s'étonne que Pilate, selon Luc, n'examine même pas le premier ni ne réagisse aux suivants qui pouvaient relever de haute trahison. Le rôle de la foule, qui va croissant au point d'arracher la condamnation, est peu vraisemblable. Elle culmine, chez Matthieu et Marc, dans l'épisode de Barabbas, d'une historicité contestable, car, en dehors des évangiles, il n'y a pas d'indices de la coutume alléguée (relâcher un prisonnier pour la fête de la Pâque). Narrativement, le contraste entre le « bandit » libéré et l'innocent condamné est presque trop parfait (d'anciens manuscrits vont même jusqu'à signaler que le bandit s'appelait « Jésus Barabbas »). Chez Jean, le va-et-vient de Pilate entre la foule et Jésus est assez artificiel et l'ensemble est baigné d'un symbolisme théologique qui dit assez ce qui guide l'évangéliste : nous faire assister à la confrontation du Christ, révélateur de vérité, au monde hostile.

Il est possible que le passage de Jésus chez Hérode Antipas, tétrarque de Galilée alors présent à Jérusalem, repose sur un souvenir historique recueilli par Luc. Mais celui-ci en a tiré de beaux effets, sur la constance de l'aveuglement des autorités juives vis-à-vis de Jésus, leur responsabilité dans sa mort, la collusion des autorités juives et romaine ou la véritable royauté.

L'issue du procès

Le procès romain s'acheva par une condamnation à mort, arrachée ou non par la foule (Pilate la leur aurait accordée ainsi qu'au Sanhédrin, pour maintenir la paix locale, intérêt politique bien compris). La présence, dans les quatre récits, de deux autres condamnés, sur lesquels on ne sait rien ou si peu, laisse supposer que le cas de Jésus fut sans doute examiné avec d'autres.

Entre le verdict et le départ pour le lieu de la crucifixion, les évangiles racontent une scène d'humiliation (une de plus) par les soldats de Pilate (Mt 27,27-31 ; Mc 15,16-20 ; Jn 19,2-3). Luc situe la scène chez Hérode (Lc 23,11). Le pouvoir de l'empire exerce sa brutalité. On pense que Pilate (comme son protecteur Séjan) était antisémite et qu'il laissait s'épancher la cruauté de ses soldats. Matthieu y verra un des signes de l'accomplissement du destin du « serviteur du Seigneur » (Is 50,6).

Pour l'historien, les grandes lignes du procès sont repérables. Il voit bien aussi les constantes de l'écriture évangélique. Au-delà des différences entre Matthieu, Marc, Luc et Jean, le « procès » juif, malgré son impossibilité juridique, précède et domine la décision romaine. Pilate ne fait qu'entériner les choses, par lâcheté, calcul politique ou indifférence. Quelles sont donc les raisons qui ont amené les autorités juives à arrêter Jésus et à le faire exécuter par les forces impériales ?

5 Pour quels motifs a-t-on arrêté et condamné Jésus ?

Tous les récits sont d'accord sur le contenu du *titulus*. La formule de Marc est concise, *« Roi des Juifs »*, et elle reprend « la » question abordée dans le procès. Celle de Jean est plus développée : *« Jésus le Nazôréen, le roi des Juifs »*. C'est le motif reconnu par les grands prêtres et affiché par Pilate aux yeux du monde entier, en hébreu, en latin et en grec (Jn 19,20). Mais est-ce le seul et véritable motif des autorités juives ?

« Roi des Juifs »

Le thème de la royauté, qui revient à plusieurs reprises dans les récits, est, d'une certaine façon, lié au messianisme, cette ligne de force des Écritures qui, enracinée dans une promesse faite à David, oriente vers l'attente active des derniers temps. Ligne aux frontières du politique et du religieux. Péguy dirait sans doute qu'il s'agit de « mystique ». Pour un fonctionnaire de l'empire romain, seul l'aspect politique comptait. Afin d'obtenir une condamnation, les grands prêtres avaient tout intérêt à trouver une accusation qui pouvait être présentée à Pilate comme méritant la mort. Autour de *« [...] il se dit Messie, roi »*, Luc (23,2.5.14) cisèle des variations, qui pour n'être sans doute pas historiques, en articulent la recevabilité par un Romain : *« il met le trouble dans notre nation »*, *« il empêche de payer le tribut à César »*, *« il soulève le peuple »*.

D'un point de vue juridique, Pilate pouvait recourir à ce que, d'un terme un peu vague, on appelle *perduellio*. Selon la définition du juriste Ulpien, est « coupable de *perduellio* celui qui est animé d'un sentiment hostile à l'égard de la *res publica* ou du prince ». Quel sentiment hostile Pilate pouvait-il déceler chez Jésus ? Il ne retient pas les incitations à la révolte. Pourtant cela justifierait le fait que Jésus soit crucifié avec deux « bandits » (Flavius Josèphe désigne ainsi les zélotes qu'il a connus). Aurait-il retenu celui de « Fils de Dieu » si on lui avait présenté ? L'évangile de Pierre, au IIe siècle, en fait l'accusation principale. L'empereur étant lui-même « Fils du Divin », il y avait là un crime de lèse-majesté. Beaucoup plus tard, Pline le Jeune ne rapporte-t-il pas que les chrétiens n'honorent pas les effigies de l'Empereur mais s'adressent au Christ « comme à un dieu ».

« Roi des Juifs » suffit. Pourtant Pilate fait la moue, tergiverse. C'est que le chef d'accusation – le sent-il ? – doit être examiné sur son versant religieux.

Le Messie d'Israël

Jésus s'est-il revendiqué lui-même comme Messie, Fils de David ? Non, selon les récits évangéliques. La profession de foi de Pierre l'explicite, au cœur de l'itinéraire mis en scène par Marc (8,27-30). Jésus laisse dire et superpose le titre eschatologique de « Fils de l'homme », de façon paradoxale, souffrante et non glorieuse. Ce n'est qu'enchaîné devant le grand prêtre qu'il lancera son solennel : « Je le suis. » La réponse est immédiate : « Blasphème ! » (Mc 14,61-64).

Le fait que Jésus ait été très tôt considéré comme Messie par ses disciples (Paul, autour des années 50, l'atteste comme une croyance déjà traditionnelle) permet de supposer qu'il a adopté une attitude qui autorisait à le tenir pour tel. Si c'est le cas, on s'étonne qu'un mouvement messianique, même ébauché, n'ait pas attiré l'attention des autorités romaines. Au IIe siècle, pendant la seconde guerre juive, le nommé Bar Kochba, « Fils de l'étoile » (en référence à l'étoile qui monte de Juda, Nb 24,17) se proclamera Messie, sera reconnu comme tel par le célèbre rabbi Aqiba, lancera une insurrection et sera finalement vaincu par les Romains.

Pour Jésus, rien de tel. Et finalement, dans les évangiles, si Pilate confirme l'accusation de « Roi des Juifs », c'est en se déchargeant de la signification qu'elle peut avoir. Dans les faits, plusieurs raisons ont pu se mêler. Les paroles sur le Temple restent les plus probables du côté des grands prêtres et des anciens, même amplifiées par la tradition chrétienne.

Le Temple de Jérusalem

Le Temple constitue le centre de la vie juive. A l'époque de Jésus, ses dimensions sont monumentales et son personnel nombreux : plus de 7 000 prêtres, qui, à tour de rôle assurent un service une semaine, auxquels il convient d'ajouter 9 600 lévites chargés du chant, de la musique, de la garde et de l'entretien. On y pratique une centaine de sacrifices quotidiens et, durant la semaine de Pâques, l'on y peut sacrifier jusqu'à 18 000 agneaux ! Sa structure, en inclusion concentrique de différents périmètres correspondant aux différents degrés de pureté, reflète la structure de la société juive. Au centre, le Saint des Saints, vide, lieu de la présence divine. Seul le grand prêtre y pénètre, une fois l'an, au jour de Yom Kippour. Puis le Saint et l'enceinte réservée aux prêtres avec l'autel des holocaustes, celle réservée aux hommes, celle des femmes (innovation d'Hérode le Grand) et enfin le parvis des « gentils » (les étrangers).

Du Saint des Saints, la présence divine rayonne sur son peuple, lui apportant bénédictions et protection. Tout le culte, avec la diversité des sacrifices, constitue la réponse d'Israël à cette présence : action de grâce, demande de pardon et de purification. La puissance sacramentelle du Temple est telle, d'ailleurs, qu'elle entraîne le risque d'apparaître comme une effusion automatique de grâces, opérant indépendamment de la valeur morale de ses desservants. Un risque contre lequel des prophètes comme Michée et Jérémie (VIIIe-VIIe siècles av. J.-C.) se sont élevés.

La journée du 29 août 70, qui vit l'incendie et la destruction du Temple, fut vécue comme un immense traumatisme. Non seulement, avec le Temple, disparaissait le centre spirituel du judaïsme, mais aussi la possibilité du culte et du sacrifice. Or, sans culte, comment obtenir le pardon et la purification ? L'intensité du deuil qui s'ensuivit aurait pu détruire le judaïsme, s'il n'y avait eu une autre institution, qui allait prendre le relais du Temple absent : la synagogue. En effet, depuis le retour d'exil, parallèlement au Temple, s'étaient développés des lieux de prières, qui étaient aussi des centres communautaires, les synagogues. Sans doute n'y pratiquait-on pas les sacrifices, mais on y lisait et enseignait la Loi. C'est cette institution qui permettra au judaïsme de se reconstituer en substituant à une religion fondée sur le sacrifice une religion fondée sur la prière, l'étude et les actes de miséricorde.

Le prophète des derniers temps
Selon Marc et Matthieu, dans le procès juif des témoins rapportent des paroles que Jésus aurait prononcées contre le Temple. Effectivement, Jésus en a annoncé la ruine, mais à ses disciples seulement (voir Marc 13). Les grands prêtres, serviteurs du Temple, du culte, de la Torah rituelle, de la présence divine et de l'identité du peuple d'Israël, avaient pu être témoins, eux, de deux épisodes inquiétants.

L'entrée triomphale à Jérusalem
Elle possède quelque enracinement dans la réalité, mais lequel ? Avec les acclamations royales qu'il comporte, l'événement n'est sans doute pas historique en tous points : les autorités romaines n'auraient pas supporté une manifestation à prétention monarchique. Peut-être y eut-il quelque chose de moins spectaculaire ? Quoiqu'il en soit, les évangélistes font de ce moment enchanté le prologue des jours à venir et du chemin qui mène, par Jérusalem et le Temple, au Golgotha. Sur la croix s'accomplit alors la royauté du « Fils de David » (Mt 21,1-11 ; Mc 11,1-11 ; Lc 19,28-40, Jn 12,12-16).

L'incident du Temple
Historiquement, il a sans doute été plus déterminant. Tous les évangiles le rapportent et Jean le situe même au début du ministère de Jésus comme une clé pour expliquer les tensions qui vont suivre (Jn 2,13-22). On voit Jésus chasser du sanctuaire les vendeurs d'animaux destinés aux sacrifices et les changeurs de monnaie. L'incident, tel qu'il est raconté, n'est pas plus plausible que l'entrée triomphale, étant donné la surveillance des troupes romaines. Jésus, toutefois, a pu poser un geste de caractère limité, où l'on retrouvait l'accent des anciens prophètes critiquant l'exercice du culte, un culte que le marché aux bestiaux approvisionnait. La figure de Jérémie

se dessine ici en filigrane. Le quatrième évangile laisse penser qu'il a complété son geste par la perspective heureuse d'un nouveau Temple, eschatologique, tel qu'il fut rêvé par Ézéchiel.

Par son action et ses propos, Jésus se manifeste comme autre prophète. La citation d'Osée est célèbre qui fonde l'appel du publicain Matthieu ou transgression provisoire de la règle du sabbat : *« C'est la miséricorde que je veux et non le sacrifice »* (Os 6,6 ; Mt 9,13 et 12,7). Le royaume de Dieu sur terre avait-il besoin d'un culte sacrificiel destiné encore à l'expiation des transgressions humaines ? « Pour l'homme de Nazareth, la proximité du Royaume impliquait une urgence de l'amour, devant laquelle la Torah rituelle devait plier » (D. Marguerat). Tout cela ne pouvait attirer à Jésus la bienveillance de personne, ni des chefs religieux, ni du peuple très attaché justement au Temple, reflet de la société et promoteur des signes identitaires. On peut donc comprendre que le grand prêtre ait jugé plus prudent d'arrêter le dangereux prophète.

*

Finalement, avec le geste contre le Temple, c'est bien l'accusation de blasphème – cachée à Pilate – que les grands prêtres vont retenir. Quand le grand prêtre déchire ses habits sacerdotaux, il le fait pour avoir entendu une triple identité : « Christ », « Fils du Béni » et « Fils de l'homme ». Identité complexe qui fait remonter à la surface de l'Histoire les racines les plus profondes d'Israël : espérance messianique, jugement eschatologique et surtout proximité inouïe avec « le Béni » qui permet au « Fils de l'homme » d'être maître du sabbat, et de se revendiquer comme Temple nouveau.

Dans la baraïta du Talmud, Jésus est accusé de sorcellerie et d'avoir « trompé et égaré Israël ». Ce qui est en jeu dans la mémoire d'Israël, c'est la compréhension des guérisons et exorcismes, mais aussi le détournement loin de la vérité du Dieu unique. Jésus appelle celui dont on ne prononce pas le nom « Abba ». Père. « Blasphème ! » Aussi, c'est bien le « prophète » sur lequel les gens du Temple crachent et qu'ils giflent.

Les invectives de Jérémie contre le Temple

« Quoi ! Voler, tuer, commettre l'adultère, se parjurer, encenser les dieux, suivre des dieux étrangers que vous ne connaissez pas, puis venir se présenter devant moi en ce Temple qui porte mon nom et dire : "Nous voilà en sûreté !" pour continuer toutes ces abominations ! A vos yeux, est-ce un repaire de brigands, ce Temple qui porte mon nom ? !

Allez donc au lieu qui fut le mien, à Silo, dans ce sanctuaire, autrefois, je fis habiter mon nom. Regardez ce que j'en ai fait, à cause de la perversité de mon peuple Israël. Et maintenant, puisque vous avez commis tous ces actes, je vais traiter ce Temple qui porte mon nom, et dans lequel vous placez votre confiance, ce lieu que j'ai donné à vous et à vos pères, comme j'ai traité Silo. Je vous rejetterai de devant moi » (Jr 7,9-15).

6 Que sait-on de la crucifixion ?

Il a fallu plusieurs années aux chrétiens pour proclamer, sans gêne, leur foi en un « Messie crucifié ». Il a fallu plus d'un siècle après l'abolition du châtiment par Constantin (vers 320) avant d'oser le représenter sans répugnance.

Les Lettres de Paul permettent de savoir le contenu de la foi chrétienne dans les années 40-60 et les débats qui s'y mènent. Au fil de son discours, il arrive à Paul de faire appel au « kérygme » selon des formulations polies par l'usage : « *Il est mort pour les péchés* » (1 Co 15,3), *« Il s'est livré pour nos péchés »* (Ga 1,4). Rarement on trouve une formule aussi crue que Ph 2,6-11 : *« ... S'étant comporté comme un homme, il s'humilia plus encore, obéissant jusqu'à la mort, et à la mort sur une croix ! »*, ou 1 Co 1,23 : *« Nous prêchons, nous, un Messie crucifié, scandale pour les Juifs et folie pour les païens. »* Là, une quinzaine d'années après les faits, est affirmé ce qui aurait dû être un obstacle à la prédication du salut de Dieu en Jésus le Christ : la mort sur une croix.

Un supplice infamant

La crucifixion fait alors partie de l'arsenal répressif de la justice romaine à côté du carcan, du pal ou de la potence. Cicéron, dans une de ses plaidoiries (vers 71 av. J.-C.), en parle comme du « supplice le plus cruel et le plus infamant qu'on inflige à des esclaves » (*In Verrem*, 5,64). Les Romains l'auraient reçu des Carthaginois au IIIe siècle av. J.-C. En Judée, il a été pratiqué pour l'exemple par des Romains et parfois par des Juifs, tel Alexandre Jannée, chef et grand prêtre, qui, en 88 av. J.-C., fit crucifier 800 pharisiens. D'après Flavius Josèphe, on l'employait aussi pour les « bandits », fomenteurs de troubles et instigateurs de révolte.

Selon la loi romaine, une fois le jugement rendu, le condamné est d'abord flagellé (nerfs de bœuf, lanières de cuir ou bien cordes avec bouts de métal ou d'os) en vue de l'affaiblir. Déshabillé, on le charge alors soit du *patibulum* (barre transversale), soit de la croix entière. Il traverse la ville, en prenant les rues les plus fréquentées, afin de mieux servir d'exemple, sous les huées de la foule et les coups des soldats. Il sort de la ville et là, dans un endroit visible (carrefour, hauteur), l'homme est fixé (cordes, clous) et la croix dressée (à moins que le *patibulum* ne soit assemblé à un poteau déjà fiché en terre). Puis on affiche le *titulus*, pancarte qui indique l'identité et le motif de condamnation. La mort prend plusieurs heures. L'usage du *crurifragium* (fracture des jambes) a pour but de diminuer la longueur de l'agonie. Sauf en Judée, les cadavres restaient exposés jusqu'à décomposition. En Judée, la Loi exigeait d'enterrer le supplicié avant la nuit (Dt 21,22).

Selon Sénèque (fin Ier siècle), les croix n'étaient pas toutes du même modèle. Celle de Jésus était-elle en forme de T (*crux commissa*) ou à quatre branches (*crux immisa*) ? A-t-il été chargé ou non d'un *patibulum* que Simon de Cyrène aurait porté à sa place ? A-t-il été cloué (et dans ce cas, ce ne peut être dans les paumes, mais aux poignets, dans les os du carpe) ? Les récits évangéliques restent muets. Ils se contentent d'un très sobre : *« Ils le crucifièrent. »*

Les outrages

Entre la flagellation et le portement de croix, Matthieu, Marc et Jean racontent des outrages par la soldatesque. Jésus est vêtu d'un manteau rouge (du type de ceux que portent les soldats ?) et on lui fabrique une couronne avec des branches épineuses. On crache sur lui et on le frappe avec un roseau. Cette sinistre parodie d'hommage royal est plausible, on en trouve un parallèle chez Philon d'Alexandrie (*In Flaccum*, § 37-39) et elle n'est pas sans évoquer la fête des Saturnales (sorte de carnaval). Mais l'ironie narrative s'y déploie : pour le lecteur chrétien, les soldats disent juste. Et sous l'homme bafoué, Matthieu laisse deviner la vérité du « serviteur souffrant » (Is 50,5-7).

Le Messie devenu malédiction

Si Jésus avait été lapidé – châtiment possible, selon la baraïta du Talmud de Babylone –, sa mort l'aurait rangé du côté des prophètes. Or la pendaison ou la crucifixion – dans l'un et l'autre cas, le corps est exposé sur un bout de bois – est un supplice ignoble condamné par la Torah : *« Si un homme, coupable d'un crime capital, a été mis à mort, et que tu l'aies pendu à un arbre, son cadavre ne pourra être laissé de nuit sur l'arbre ; tu l'enterreras le jour même, car un pendu est une malédiction de Dieu et tu ne souilleras pas la terre que le Seigneur ton Dieu te donne en héritage »* Dt 21,22-23.

Dans une culture où la Torah (Loi) est normative, Dt 21,22-23 a dû être utilisé pour combattre la messianité de Jésus. Paul va affronter le problème en utilisant justement les méandres de la Torah, qu'il cite abondamment. En gros, si le Christ a accepté une mort de maudit, c'est pour nous délivrer d'une malédiction antécédente, celle qui vient de la difficulté à pratiquer la Loi. Aux Galates, il fera observer d'abord que la pratique de la Loi fait encourir une malédiction pour peu qu'on s'en écarte. Puis il remarquera ensuite que, selon la Loi elle-même, c'est la foi et qui rend juste. Et il conclura : *« Le Christ nous a rachetés de cette malédiction de la Loi en devenant lui-même malédiction pour nous car il est écrit :* “Maudit soit quiconque pend au gibet”, *afin que la bénédiction d'Abraham passe aux païens dans le Christ Jésus et que par la foi nous recevions l'Esprit de la promesse »* (Ga 3,10-14). C'est ainsi que, pour Paul, la mort de tous a été vaincue par la mort d'un seul.

Vingt ou trente ans après les lettres de Paul, la crucifixion est racontée dans les évangiles. Les récits sont un effort d'intelligence de la mort scandaleuse du Messie. Or, pour comprendre, Matthieu, Marc, Luc et Jean vont faire comme Paul : ils vont puiser dans les Écritures, puisque celles-ci consignent les repères pour vivre et croire.

Les Écritures pour lire un scandale

Aucun récit ne rapporte les faits dans leur brutalité (de ce point de vue, les films sont plus évocateurs) mais chacun propose des pistes pour en comprendre le sens. Prenons un tout petit exemple, l'arrivée sur le Golgotha, tel que le raconte Mt 27,33-35.

Nous n'avons aucun détail sur le *patibulum*, l'assemblage ou l'érection de la croix, les clous, les cordes, le sang, la présence (ou non) d'une foule, etc. Mieux, les quelques faits sélectionnés (arrivée, refus de boire, crucifixion – un seul petit mot pour un ensemble de gestes à la fois techniques et violents) sont reliés à ce qui semble des détails : le vin mêlé de fiel et les vêtements tirés au sort. Ces détails sont vraisemblablement historiques (ce n'est pas toujours le cas). On sait par exemple que l'on donnait à boire aux suppliciés du vin mêlé de myrrhe, ce qui a un effet anesthésiant (voir Mc 15,23).

Or Matthieu parle de vin « *mêlé de fiel* ». Ce léger brouillage invite à ne pas en rester à la reconnaissance d'une drogue. Il s'agit d'une allusion au Psaume 69,22. Quand au partage de vêtements, il est en écho au Psaume 22,19. Remis dans leur contexte originel, ces mots décrivent la foi d'un homme persécuté qui exprime à Dieu sa confiance. Par ce tissage scripturaire, Matthieu ouvre à son lecteur deux pistes. D'abord, lire la scène qui suit avec cette clé possible : Jésus crucifié se place-t-il dans la lignée des justes persécutés et confiants ? Ensuite, réfléchir sur l'acte même d'écrire : « Au-delà de l'émotion qui peut vous traverser, cherchez donc les raisons de ce que je raconte. Pour moi, elles ne sont pas uniquement dans le jeu des pouvoirs et des volontés humaines, elles prennent place dans une vaste histoire, commencée il y a longtemps et dont nos pères nous ont laissé la mémoire. Elles prennent place dans un projet divin. »

7 Quel rôle ont joué les Romains ?

Selon Jean, avec les gardes envoyés par les prêtres pour arrêter Jésus, il y a une « cohorte » dirigée par un tribun. Cela nous surprend lorsque l'on sait qu'un tel détachement comprenait entre 300 et 600 hommes. Il semblerait que l'écrivain ait voulu indiquer par ce trait – historiquement invraisemblable – que les autorités qui vont statuer du sort de Jésus sont, dès le départ, à la fois juives et romaines (Jn 18,1-12). Il souligne, en même temps, la maîtrise de Jésus sur elles (malgré leur nombre, elles tombent à terre avant que Jésus se laisse arrêter). Plus tard, les mêmes soldats (ou d'autres) se moqueront de ce « roi des Juifs » auquel les Juifs eux-mêmes ont préféré un brigand (18,38-19,2). Ils se partageront ses vêtements et lui transperceront le côté, n'ayant pouvoir que sur les dépouilles et le corps, ignorant qu'ils réalisent malgré eux un projet divin consigné dans les Écritures (Jn 19,23-24 et 32-37). Ils croient qu'ils sont les maîtres. Ils se trompent.

Cette interprétation du quatrième évangile porte à un haut degré une logique présente également chez Marc, Matthieu et Luc. Elle se cristallise chez lui dans le procès devant Pilate : *« Tu n'aurais sur moi aucun pouvoir, s'il ne t'avait été donné d'en haut... »* dit, le prisonnier au gouverneur (Jn 19,11).

Ponce Pilate

Même s'ils minimisent la responsabilité romaine dans la condamnation de Jésus, tous les évangélistes dressent de Pilate un portrait finalement assez ambivalent.

Préfet de Judée de 26 à 36, Ponce Pilate (Pontius Pilatus) nous est connu non seulement par les évangiles mais par Flavius Josèphe et Philon d'Alexandrie. Protégé par Séjan, chef de la garde prétorienne de l'Empereur Tibère, désireux d'intégrer la Judée à l'Empire, il se révéla cependant incapable de comprendre la mentalité du pays qu'il avait pour charge d'administrer. Maladroit, il voulut introduire des effigies impériales à Jérusalem alors que le judaïsme bannit les images et il puisa dans le trésor du Temple pour construire un aqueduc. Craintif, et donc dangereux, il fit massacrer par traîtrise un rassemblement de Samaritains, ce qui lui valut d'être exilé en Gaule. Il résidait habituellement à Césarée, sur le bord de la mer, et, lorsqu'il venait à Jérusalem, il prenait ses quartiers soit dans la forteresse Antonia, près du Temple, soit dans l'ancien palais du roi Hérode le Grand.

Des évangélistes, seul Luc évoque une répression contre des Galiléens (Lc 13,1), ce qui, d'emblée, ne fait pas de Pilate un héros positif. Chez les autres, il n'est pas mentionné avant le procès, au contraire d'Hérode Antipas, tétrarque de Galilée. Pour autant que l'on puisse reconstituer les faits, il paraît alors avoir suivi les règles du droit romain. Il donne la parole à l'accusation (les responsables juifs) et à l'accusé (Jésus). Mais le récit chrétien lui fait vite écarter les motifs de rébellion (non-paiement de l'impôt ou tentative de révolte populaire, voir Lc 23,2.5.14) pour se concentrer sur le titre de « Roi des Juifs », aux frontières du politique et du religieux. Et l'on arrive à ce paradoxe : Pilate n'ayant trouvé *« aucun motif de condamnation »* (Lc 23,14 ; Jn 19,4), va néanmoins *« livrer »* Jésus à la vindicte de ses ennemis. Qui donc a le pouvoir ? A relire les différentes versions de la scène, Pilate cède, malgré lui, à la pression d'une foule excitée par ses chefs religieux. Le choix posé entre la libération de Jésus et celle de Barabbas (selon une coutume qui n'est pas attestée dans les archives à notre disposition) renforce cette impression. Si, pour les évangiles, la mort de Jésus est due, en premier et dernier ressort, à une volonté juive capable de faire plier un fonctionnaire impérial, celui-ci n'est pas pour autant déchargé de sa responsabilité : au mieux, c'est un lâche.

Historiquement, Pilate a pu condamner Jésus comme agitateur politique. Narrativement, les évangélistes insistent sur la pression exercée par la foule et les autorités juives. Théologiquement, ils dessinent en filigrane un principe d'ordre supérieur, déjà relevé dans le récit de Jean à propos du rôle de la soldatesque : le projet divin. Repérer le tissage scripturaire est ici capital. Pilate, selon Matthieu, se lave les mains en signe d'innocence : était-il si juif pour appliquer une prescription de la Torah d'Israël (voir Dt 21,6-8) ou actualiser, comme un bon croyant, les Psaumes 26,6 et 73,13 : *« Je lave mes mains en signe d'innocence »* ?

L'armée romaine

Aux ordres du préfet de Judée ou du légat de Syrie, l'armée maintenait la paix dans une région réputée turbulente. L'occupation était perçue diversement. Certains, comme les sadducéens, s'en accommodaient facilement ; d'autres, comme les zélotes, bouillaient de se révolter. Les soldats n'avaient d'ailleurs pas une réputation de bienveillance. Pour l'un qui, à Capharnaüm, avait financé la construction d'une synagogue (Lc 7,5), combien usaient de violence pour arrondir leur solde (Lc 3,14) ?

Lors de la Passion, les soldats interviennent pour la scène des outrages (manteau rouge, couronne d'épines, moqueries). Pour Matthieu et Marc, c'est après le jugement de Pilate et avant le chemin du Calvaire. Pour Luc, c'est chez Hérode. Pour Jean, c'est entre deux interrogatoires (Mt 27,27-31 ; Mc 15,16-20 ; Lc 23,11 ; Jn 19,2-3). Il y a de l'ironie : les soldats ignorent qu'en appelant, même par dérision, Jésus « Roi des Juifs », ils ont raison.

La « profession de foi » du centurion, après la mort de Jésus, n'en apparaît que plus inattendue : *« Vraiment, cet homme était Fils de Dieu »* (Mt 27,54 et Mc 15,50). À défaut d'une historicité factuelle, Marc sait jouer des contrastes narratifs. Au moment des faits, Juifs et Romains ont méconnu Jésus et ils ont partagé la responsabilité de sa mise à mort. Au moment de la diffusion de l'Évangile, Juifs et Romains ont besoin les uns des autres pour dire *« Jésus Christ, Fils de Dieu »* (Mc 1,1). En Galilée, le Juif Pierre a découvert, en suivant Jésus de Nazareth, que celui-ci est *« le Christ »* (Mc 8,29). À Jérusalem, le centurion a reconnu que le crucifié est *« Fils de Dieu »*. Pour accéder à l'intime de la vérité de Jésus, Marc demande à son lecteur de relier Pierre et le centurion, la Galilée et la Croix.

De son côté, Luc fait dire au centurion : *« En réalité, cet homme était juste ! »* (Lc 23,47). D'une part il est particulièrement sensible au thème de l'innocence (par deux fois, Pilate avait reconnu Jésus comme tel, Lc 23,4.13) ; au verdict du centurion correspond le remords des foules (Lc 23,48). D'autre part, son récit n'est pas exempt d'apologétique en direction de son public gréco-romain. De la prédication à Nazareth (Lc 4, évocation de Naaman le Syrien) à la rencontre entre Pierre et le centurion Corneille (Ac 10), en passant par le centurion de Capharnaüm (Lc 7) et celui qui se tient devant la Croix (Lc 23), il prend soin de relever les figures des étrangers qui, mieux que les Juifs parfois, ont fait bon accueil au salut en Jésus.

8 Quel rôle ont joué les Juifs ?

Partons d'une évidence. La plupart des acteurs des évangiles sont des Juifs, à commencer par Jésus et ses disciples. En dehors de quelques Romains, Samaritains (Jn 4) ou étrangers originaires de Phénicie et de Grèce (Mt 15,21 ou Jn 12,20), Jésus le Juif ne fréquente que des Juifs de Galilée, de Décapole ou de Judée.

Cependant, lorsque les évangiles parlent des « Juifs », le lecteur éprouve l'impression qu'il s'agit de ceux qui sont « en face » et dont Jésus et les siens se distinguent. L'impression est moins nette, mais tout aussi réelle, dans les évangiles synoptiques, lorsqu'il est dit, par exemple, au début de la prédication du Règne de Dieu – donc avant toute polémique avec des scribes ou des Pharisiens –, qu'il enseignait dans *« leurs synagogues »* (Mc 1,39 ; Mt 4,23 ; Lc 4,15).

Une explication consiste à voir là un indice du moment où les évangiles ont pris leur forme définitive, c'est-à-dire après l'an 70, l'incendie du Temple de Jérusalem et la fin de la première guerre juive. De cette catastrophe, le judaïsme s'est relevé exsangue. Au temps de Jésus, les courants religieux étaient divers : pharisiens, sadducéens, esséniens, zélotes, baptistes ; après 70, seuls subsistèrent, semble-t-il, les mouvements pharisiens et... chrétiens. Ceux-ci, nés à l'intérieur du judaïsme, en vinrent à s'ouvrir d'autant plus aux païens que les pharisiens posaient les bases d'une orthodoxie fortement identitaire. La rupture était inévitable. Et les écrivains évangélistes vont projeter dans l'histoire des origines chrétiennes un antagonisme qui était d'abord celui qu'ils vivaient. L'évangile de Matthieu, écrit pour des chrétiens d'origine juive, porte une question lancinante : comment Israël a-t-il pu rejeter son Messie ?

Le Sanhédrin

Selon Marc, c'est « de la part des grands prêtres, des scribes et des anciens » que la troupe menée par Judas vient arrêter Jésus. Cette formule donne exactement la composition du Sanhédrin.

Institution de gouvernement du peuple juif, le Grand Sanhédrin siégeait à Jérusalem (du grec *sunedrion*, « conseil, assemblée ») et traitait, à l'époque de Jésus, de tous les points, religieux et civils, qui avaient un rapport avec la Torah (Loi). Il comptait 71 membres (en référence à Nb 11,16), y compris son président, le grand prêtre en exercice. Il y avait les anciens (appartenant à l'aristocratie laïque), les grands prêtres, en fonction ou honoraires, avec les membres des quatre familles où ils étaient recrutés, et enfin les scribes. Si les anciens et les grands prêtres étaient de tendance sadducéenne, les scribes, docteur de la Loi, étaient pour la plupart affiliés au mouvement pharisien. Il se réunissait tous les jours (sauf sabbat et fêtes) dans une salle située entre la place du marché et le portique occidental du Temple.

En dehors de Jérusalem, il existait des petits sanhédrins de 23 membres. Mais les causes graves revenaient au Grand Sanhédrin qui était aussi la cour suprême de justice, le *bêt-dîn* ou « maison du jugement ». En matière de peine capitale, le Sanhédrin avait, semble-t-il, pouvoir de prononcer une sentence de mort (par lapidation selon la Torah) mais pas celui de la faire appliquer, du moins au Ier siècle. On en aurait l'écho en Jn 18,31 : *« Nous n'avons pas le droit de mettre quelqu'un à mort. »* D'où la nécessité d'une décision romaine.

Après la guerre juive de 70 et la destruction du Temple, le Sanhédrin a été transféré à Yabné. Mené par les scribes d'obédience pharisienne, il a joué un rôle capital dans la réorganisation du judaïsme. La fonction de grand prêtre ayant disparu avec le Temple, il est alors présidé par un ethnarque.

La dominante pharisienne du Sanhédrin de Yabné a-t-elle été reportée sur le Sanhédrin qui condamna Jésus ? Ce n'est pas sûr. Chez Jean, les Pharisiens sont juste nommés à la place des scribes (Jn 18,3). Ce sont les grands prêtres qui sont en première ligne. Chez Marc et Matthieu, ils dirigent le procès et excitent la foule. C'est avec les grands prêtres (et les anciens) que Judas a traité (Mt 27,3). Jean va même jusqu'à faire de la seule entrevue avec Hanne (Jn 18,19-24) le pendant de la séance nocturne du Sanhédrin.

Les courants religieux du judaïsme au Ier siècle

Les pharisiens : apparus comme mouvement sous les Hasmonéens, au cours du IIe siècle av. J.-C., les pharisiens, dont le nom vient de *parash*, « séparer » ou « expliquer », sont très présents chez les scribes, quoi qu'ils ne se confondent pas avec eux. On y distingue deux écoles majeures : celle de Shammaï, réputée stricte, et celle de Hillel, plus ouverte. Dans l'ensemble, tous soutiennent que la Torah, révélée par Dieu, est double : l'écrite et l'orale, et ajoutent les Prophètes et les Écrits. Ils croient au jugement dernier et à la résurrection. Ils recommandent une pratique scrupuleuse de la loi dans la vie privée et publique et privilégient l'étude de la Torah au détriment de la pratique des sacrifices. C'est à partir de la tradition pharisienne que se constituera le judaïsme rabbinique d'après 70.

Les sadducéens : apparus eux aussi au IIe siècle av. J.-C., les sadducéens se réclament de Sadoc (prêtre sous David). Ils constituent un parti sacerdotal et laïc. Liés à l'aristocratie, ils sont attachés essentiellement au Temple et à son sacerdoce. Pour eux, il n'y a que la Torah écrite qui compte. Ils recommandent une application stricte de la loi rituelle dans le culte officiel. En tant que parti, ils représentent une fraction importante du Sanhédrin et jouent un rôle politique majeur sous la domination romaine. Ils disparaîtront avec la ruine du Temple, en 70.

Les ésséniens : issus de la crise maccabéenne (IIe siècle av. J.-C.), ils sont en rupture avec le Temple de Jérusalem. Ils reconnaissent la Torah écrite, les Prophètes et les Écrits. De tendance apocalyptique, ils croient à la souveraineté de Dieu sur la vie humaine. L'application de la loi morale et cultuelle se fait dans le cadre communautaire. Ils disparaîtront, emportés par la guerre juive de 70.

Les baptistes : de tendance apocalyptique, sûrs de l'approche des derniers temps, ils recommandent le baptême de conversion et l'application de la loi dans la vie privée et publique. Les groupes sont divers (nazaréens, sabéens, masbothéens, baptistes du matin etc.). Certains survivront à la guerre juive de 70,

Les zélotes : (du grec *zélotès*, « partisan inconditionnel ») activistes politiques, ils attendent le jour où ils pourront chasser ceux qui, par leur présence, profanaient la terre du Dieu unique. Il n'est pas sûr qu'ils aient été organisés comme mouvement avant 44. Ils seront l'élément déclencheur de la guerre juive en 66 et les derniers mourront à Massada en 74.

Hanne et Caïphe, grands prêtres

Grand prêtre à partir de 6 ap. J.-C., destitué en 15, Hanne semble avoir gardé son influence sous le pontificat de son gendre Caïphe. Luc les nomme ensemble au début des deux tomes de son œuvre : l'évangile (Lc 3,2) et les *Actes des apôtres* (Ac 4,6). La comparution de Jésus devant Hanne est particulière à Jean 18,19-21. La plus haute autorité du judaïsme y est invitée par son prisonnier à se mettre au rang de simple auditeur, voire de disciple !

Gendre de Hanne, Caïphe a été grand prêtre de 26 à 37, date à laquelle il fut déposé par le légat de Syrie, sans doute entraîné dans la disgrâce de Pilate. Il exerce au moment de la prédication de Jésus, et c'est à sa maison que Jésus est conduit après son arrestation (Mt 26,3-57 ; Jn 18,13-14.24-28). Chez Marc et Matthieu, il dirige le procès devant le Sanhédrin jusqu'au moment où il peut accuser Jésus de blasphème. Pour les narrateurs, il assume, comme président du Sanhédrin, la rupture entre les futurs chrétiens et les Juifs. D'accord sur la Loi, Juifs et chrétiens se séparent sur l'identité du Messie. Professer Jésus comme « Christ » est blasphème pour les uns et vérité pour les autres.

Chez Jean, l'importance de Caïphe tient moins à la présidence du Sanhédrin qu'à l'exercice du sacerdoce suprême. Le grand prêtre a la haute main sur le service du Temple mais surtout il est le médiateur entre Dieu et le peuple, et il fait l'expiation pour celui-ci. À ce titre, il a prophétisé sans le savoir après la résurrection de Lazare (Jn 11,49-42, le fait est rappelé en 18,34 : *« Il vaut mieux qu'un seul homme meure pour tout le peuple »*). Le narrateur décrypte le réalisme politique de la sentence comme un projet de Dieu inouï : l'annonce d'un sacrifice parfait qui vaut une fois pour toutes, non seulement pour la nation juive mais tous les *« enfants de Dieu dispersés »* (Jn 11,52).

Hérode Antipas

Le personnage apparaît surtout chez Luc qui, seul, lui fait jouer un rôle dans la Passion de Jésus. Il est l'un des fils d'Hérode le Grand et devient, à la mort de celui-ci, tétrarque de Galilée et de Pérée jusqu'à son exil en Gaule par Caligula, vers 39. Il fait arrêter Jean le Baptiste, dit Luc, parce que celui-ci lui reprochait son mariage avec Hérodiade, femme de son frère Philippe (Lc 3,18-20). Intrigué par Jésus, il cherche à le voir puis à le tuer (Lc 9,7-9 et 13,31). C'est alors que Jésus le qualifie de « renard ». Animal nuisible, il n'est pas sans rappeler les rois d'Israël qui persécutaient les prophètes. Ayant fait exécuter Jean-Baptiste, abusant de son pouvoir, il se révèle incapable d'écouter, et encore moins d'entendre, l'annonce du Salut. Sa présence à Jérusalem, lors du procès, est l'occasion pour Luc d'un double trait d'ironie. D'une part, Pilate le Romain et Hérode le Juif se réconcilient sur le dos d'un innocent. D'autre part, c'est chez Hérode qu'a lieu la scène des outrages et lorsque Jésus est vêtu d'un « habit splendide », le vrai roi n'est pas celui qui pense l'être (Lc 23,11-12).

Le peuple juif

Chez Matthieu, la foule devient, à un moment donné, « le peuple ». La foule, lors du procès romain, fait entendre sa voix, menée par « les grands prêtres et les anciens ». Elle demande la mort de l'accusé et fait plier Pilate qui, dans un geste surprenant pour un non-juif, se lave symboliquement les mains. Le Romain entend faire porter à la foule la responsabilité de la décision, selon le rituel de la Torah prévu en cas de découverte d'un meurtre anonyme (Dt 21,1-9) : *« Je suis innocent de ce sang. »* Qui répond à ce geste ? Non pas la foule, mais le « peuple ». Chez Matthieu, ce terme implique une dimension juridique, comme lorsqu'il parle des « anciens du peuple ». La foule, soudain, n'est plus qu'une entité qui s'est laissé entraîner dans la condamnation de Jésus par ses responsables : *« Son sang, il est sur nous et nos enfants. »*

La formule n'a rien d'une automalédiction qui engagerait

l'avenir. Il s'agit d'un serment qui engage ce qui est le plus cher au moment où on le prononce. Pilate, fonctionnaire civil, a placé la foule devant un choix qui est religieux et qui touche à l'espérance d'Israël : reconnaître Jésus comme Messie ou le condamner comme blasphémateur. Le grand prêtre et le Sanhédrin ont déjà tranché dans la nuit (voir Mt 26,59-66), commençant une déchirure qui ira en s'élargissant dans le peuple de Dieu. La foule, en se plaçant derrière ses chefs ne fait que les suivre. Est-elle libre ?

Matthieu, certes, souligne d'abord et avant tout que, pour lui, la responsabilité première vient des autorités religieuses et laïques de son peuple. Et il n'oublie pas que tout cela obéit à une nécessité d'ordre supérieur, divine, dont les Écritures sont les garantes : après la sentence prononcée par le grand prêtre, la séquence des coups et des crachats renvoie allusivement à un passage célèbre d'Isaïe (Is 50,5-7) où un mystérieux « serviteur » est bafoué. Sa mort, plus tard, sera gage de salut pour ceux qui l'ont tué (Is 52,13-53,12).

Au cours des siècles, la rupture entre la Synagogue et l'Église étant consommée, des chrétiens en sont arrivés à regarder les Juifs comme peuple « déicide ». L'antijudaïsme dirigé d'abord par Matthieu sur les autorités va s'étendre à tous. Le chagrin, le mépris et la haine vont le transformer parfois en un antisémitisme injustifiable aux yeux de l'Évangile. C'était oublier que si *« le salut vient des Juifs »* (Jn 4,22), ceux-ci n'en sont pas exclus.

*

Parmi les membres du Sanhédrin, deux personnages se distinguent comme disciples de Jésus. D'une part Nicodème (Jn 3,1 ; 7,48-52 ; 19,34), un Pharisien que Jésus avait rencontré de nuit et qui, par la suite, avait tenté de prendre sa défense. D'autre part Joseph d'Arimathie (Jn 19,38 ; Mc 15,43 et Lc 23,50 spécifient qu'il est notable appartenant au Conseil, *i.e.* le Sanhédrin ; nous ignorons s'il était Pharisien). Avec la mise au tombeau, le rôle du Sanhédrin s'achève dans l'histoire johannique de la Passion. Un ancien grand prêtre, par son interrogatoire, avait ouvert le chemin qui mène à la Croix. Un notable (un « ancien ») obtient maintenant de détacher le corps du Roi des Juifs. Et un Pharisien, maître en Israël, apporte les aromates. Est-ce un hasard si, des trois composantes du Sanhédrin, le notable et le Pharisien déposent le corps dans un jardin qui ailleurs est celui de la vie et de l'amour ? Eux qui, plus tard, vont aider le judaïsme à survivre, ils mettent du baume sur les chairs que d'autres ont lacérées.

9 Comment se sont comportés les proches de Jésus ?

Dès l'arrestation, tout le monde s'est enfui. Chez Marc, l'abandon sera total. Seul Pierre, un moment, suit son maître de loin. Dans la cour du grand prêtre, il se glisse et s'approche du feu. La scène est vraisemblable et sa chute prévisible. D'une anecdote, les évangiles vont faire une scène exemplaire.

Marie de Magdala, si éplorée sur toutes les images de la crucifixion, est juste mentionnée vers la fin de la Passion, parmi les femmes qui regardent « de loin » (Mt 27,55-56 ; Mc 15,40). Or Jean signale qu'elle se trouve, avec la mère de Jésus et d'autres femmes..., au pied de la Croix (Jn 19,25-27).

Judas le disciple félon disparaît, lui, à la fin de la scène d'arrestation. Son destin demeure énigmatique, sauf pour

Matthieu qui raconte son remords, la façon dont il jette son salaire de trente deniers dans le sanctuaire, et sa pendaison (Mt 27,3-10). Les *Actes des apôtres* nous livrent une autre version de sa mort : il a la tête fracassée et les entrailles répandues après avoir acheté un terrain avec l'argent de la trahison (Ac 1,18-19). Dans les deux cas, les citations tirées des Écritures relient le sort individuel au projet divin. Jean et Luc insinuent que sa trahison ne venait pas de sa propre volonté, mais était due à Satan ou au diable (Jn 13,2 ; Lc 22,3).

Simon de Cyrène, l'homme qui revient des champs et dont les fils semblent connus de Marc, porte la croix de Jésus. Mais Luc, si habile à exploiter narrativement et théologiquement certains détails, précise qu'il la porte « derrière Jésus », réalisant la condition du disciple énoncée au milieu de l'évangile : *« Si quelqu'un veut venir derrière moi, qu'il se nie lui-même et qu'il me suive ! »* (Lc 9,23). Quant au récit de Jean, il oublie Simon et c'est Jésus, plus que jamais maître des événements, qui porte lui-même l'instrument du supplice, un instrument destiné à devenir, dans un immense changement de perspective, trône de gloire.

Tous ces personnages sont historiques, il n'y a pas de raison d'en douter. Mais étant donné leur place dans la vie des chrétiens, ils ont acquis une dimension qui les dépasse. C'est déjà le cas, on vient de le voir, pour Judas et Simon de Cyrène. Quant aux autres... Pierre dans la cour du grand prêtre, Marie de Magdala au tombeau ou le disciple bien-aimé capable, mieux que tous, d'interpréter les signes posés par son maître, deviennent les figures éclectiques du disciple. Ce qui s'est passé à l'origine compte désormais moins que ce qui peut se passer dans la vie du lecteur. Celui-ci, assuré d'un ancrage dans la réalité, hésitera peut-être moins à passer avec eux, du remords au repentir, des larmes à la joie, du voir au croire.

Pierre

Au début, il s'appelle Simon, est originaire de Bethsaïde et exerce le métier de pêcheur sur la mer de Galilée, comme son frère André. Avec celui-ci et les fils de Zébédée, Jacques et Jean, il fait partie du premier groupe des disciples. Selon Mt 16,14-20, sa reconnaissance de Jésus comme Christ lui vaut le nom de Pierre (d'après le grec *petra*) roc sur lequel bâtir la nouvelle assemblée (ou « église ») du Christ. Mais chaque évangile rapporte à sa manière une parole qui dessine son destin. Pour Marc, il avait été appelé à devenir « pêcheur d'hommes » (Mc 1,17). Pour Luc, sa mission principale, reçue au cours du dernier repas, sera « d'affermir » ses frères après le criblage de la Passion (Lc 22,31-32). L'épreuve de la Passion traversée, il devient, en finale de Jean, le « pasteur » des agneaux et des brebis, succédant en quelque sorte au Bon Pasteur lui-même (Jn 21,15-19).

Les chrétiens ont dû projeter dans leur récit une part de la vénération qu'ils accordaient au premier des apôtres, mais il faut leur savoir gré de n'avoir pas gommé le moins glorieux des épisodes, à savoir le reniement dans la cour du grand prêtre. Épisode capital où la figure de Pierre contraste chez Matthieu avec celle de Judas et, chez Jean, avec celle du disciple bien-aimé.

Notons d'abord que, dans les évangiles synoptiques, la liste des disciples met toujours Pierre en premier et Judas en dernier. Tous deux sont « qualifiés » par rapport à leur destin (ou leur mission) : *« Il [Jésus] imposa à Simon le nom de Pierre »* et *« Judas Iscariote, celui-là même qui l'a livré »* (Mc 3,14-16).

Chez Matthieu (et Marc), l'annonce de la trahison de Judas précède le repas pascal, lequel est suivi, en chemin, de l'annonce du reniement de Pierre (Mt 26,20-35). Or, après la faute, leurs attitudes s'opposent comme s'opposent le remords et le repentir. « Le remords est ce sentiment douloureux qui conduit à la mort car aucune issue n'existe qui permette l'apaisement et le pardon. Le repentir c'est, au contraire, la reconnaissance de son échec, qui suppose un pardon et un relèvement en retour » (E. Cuvillier). Ce pardon ne se réalise-t-il pas dans le repas pascal où le sang de l'Alliance est dit être répandu pour beaucoup *« en vue de la rémission des péchés »* (Mt 26,28) ?

Marie de Magdala

Elle tire son nom du village de Magdala, sur le bord de la mer de Galilée. Selon Luc, *« Jésus annonçait la bonne nouvelle du Règne de Dieu. Les Douze étaient avec lui, et aussi des femmes qui avaient été guéries : Marie, dite de Magdala, dont étaient sortis sept démons..., Jeanne... Suzanne et beaucoup d'autres qui les aidaient de leurs biens »* (Lc 8,1-3). Alors que les disciples ont fui, ces femmes sont là lorsque Jésus est crucifié. À distance ou tout près, elles assistent à la sépulture (Mt 27,61 ; Mc 15,47 ; Lc 23,55) avant d'aller préparer aromates et parfums. Selon Jean, ils sont apportés par Nicodème dès l'ensevelissement (Jn 19,40), ce qui rend énigmatique la démarche de Marie de Magdala au lendemain du sabbat.

Quoique variant sur le nombre des femmes, tous les évangiles signalent la présence de Marie de Magdala au tombeau vide. Pour Jean, elle seule rencontre Jésus Ressuscité avant de porter la Bonne Nouvelle aux apôtres. Au-delà des détails c'est au lien théologique entre la Croix et la résurrection que le lecteur est renvoyé. Au risque de brouiller nos points de repère, Jean ne manque d'ailleurs pas d'établir des correspondances entre deux épisodes qui encadrent la Passion : ici Marie de Béthanie verse un parfum et anticipe sur la sépulture de Jésus (Jn 12), et là Marie de Magdala verse des larmes sur la disparition du corps hors de son tombeau (Jn 20).

Le disciple bien-aimé et la mère de Jésus

Seul l'évangile de Jean évoque cette scène célèbre où les énigmes ne manquent pas. D'abord, les personnages ne sont pas désignés par des noms propres (par exemple Marie ou Jean). Ensuite, l'appellation « femme » paraît manquer singulièrement de tendresse.

Dans le récit johannique, le disciple bien-aimé est signalé pour la première fois pendant le dernier repas : il est *« couché sur la poitrine de Jésus »* (Jn 13,21) : cette proximité signifie plus qu'une simple présence physique. A l'instant où le Seigneur transmet son testament, ce disciple vit une communion profonde avec son maître. On le retrouve au pied de la Croix (Jn 19), devant le tombeau vide (Jn 20), sur la mer de Tibériade (Jn 21), à tous les moments importants du mystère de Pâques. Or presque partout, il est associé à Simon-Pierre et lui sert d'intermédiaire. Comme si Pierre avait besoin d'un autre pour interpréter correctement les signes de Pâques.

Au pied de la Croix, Pierre n'est pas là, il a fui. Mais il y a « la mère de Jésus ». Jésus l'appelle « femme » comme pour la placer en vis-à-vis de la première femme, Ève. Car elle va devenir la mère de tous les vivants. Et son premier fils, c'est le disciple bien-aimé. Il marche en avant d'une longue file d'enfants de Dieu, nés du don que le Christ a fait de sa vie et recevant de lui le sang et l'eau. Ce symbolisme peut paraître vertigineux. Il s'appuie sans doute sur une réalité historique. L'évangile de Jean, avec son originalité, n'a pu être reçu dans l'Église que parce qu'il avait à son point de départ une figure de premier plan, qui avait accompagné Jésus depuis le commencement de sa mission. Mais l'identifier avec certitude est une autre histoire...

10 Jésus s'est-il « sacrifié » ?

Raconter la mort et la vie de quelqu'un ne consiste pas simplement à collecter et à aligner des faits, mais à leur trouver des liens. En écrivant, l'historien – puisqu'il faut l'appeler ainsi – cherche à comprendre. Matthieu, Marc, Luc et Jean ne sont peut-être pas des historiens au sens actuel du mot, mais ils ont cherché à comprendre et, pour cela, ils ont situé l'histoire particulière de Jésus sur le fond de l'histoire de Dieu et du monde, telle qu'il en avait reçu la conception par la culture d'Israël. Le va-et-vient incessant, parfois vertigineux pour nous, entre les Écritures et les faits qu'ils relatent vient de là.

L'agneau pascal

Notre œil sagace peut s'étonner de la manière dont ils ont traité les faits. Je pense qu'eux-mêmes en étaient conscients. Un seul exemple : selon Matthieu, Marc et Luc, ce n'est pas Jésus qui porte sa croix, mais Simon de Cyrène. Jean non seulement passe Simon sous silence, mais il prend soin de dire : *« Portant lui-même sa croix, Jésus sortit et gagna le lieu du Crâne »* (Jn 19,17). Pour Jean, même si, historiquement, Simon a porté le *patibulum*, Jésus a assumé et endossé la Croix, c'est-à-dire sa mort. D'où le court circuit narratif. Cette maîtrise totale, royale, soulignée dès l'arrestation au jardin, il la suivra jusqu'à la fin : *« Sachant que dès lors tout était achevé, pour que l'Écriture soit accomplie jusqu'au bout, Jésus dit : "J'ai soif" [...] Dès qu'il eut pris le vinaigre, il dit "Tout est achevé" et, inclinant la tête, il remit l'esprit »* (Jn 19,28-30).

L'ultime boisson est un fait attesté que Matthieu, Marc et Jean relient aux Psaumes 69 et 22, prière du juste persécuté. Et ce qui est « achevé », c'est l'exécution mais aussi et surtout sa portée sacrificielle. Pourquoi parler de sacrifice ?

Lorsque les évangiles s'écrivent, les sacrifices ont disparu de la vie religieuse du judaïsme. Ils avaient cessé à partir du moment où le Temple avait été incendié par Titus en 70. Mais leur valeur subsiste dans une tradition qui reste commune aux Juifs et aux chrétiens alors même qu'ils se détachent les uns des autres : la Torah.

D'une part le livre du Lévitique déploie une multitude de rituels pour remercier Dieu ou lui demander pardon : holocaustes, sacrifices de paix, sacrifices pour le péché, sacrifices de réparation. Les offrandes sont végétales ou animales. D'autre part, l'un des fondements des sacrifices se trouve dans la mémoire active de l'Exode, la libération d'Égypte, célébrée chaque année à Pâques, le 15 nisan. L'agneau pascal mangé solennellement dans chaque famille au cours d'un repas était, à l'époque de Jésus, immolé au Temple.

Jean établit des liens entre la mort de Jésus et l'agneau pascal. Dès le début de l'Évangile, le Baptiste le désigne ainsi : *« Voici l'agneau de Dieu... »* (Jn 1,29). Après sa mort, l'absence de *crurifragium* (fracture des jambes) est relevé par Jean pour montrer que Jésus, comme l'agneau pascal, est une offrande sans défaut (voir Jn 19,36 et Ex 12,46). Dans la mémoire des premiers chrétiens, l'heure de la crucifixion, la *« sixième heure »* du jour de la Préparation de la Pâque (Jn 19,14), réactive le souvenir qu'à ce moment-là, dans le Temple, on immolait les agneaux pour le repas pascal.

Quant à la valeur expiatoire de cette mort, elle tient, dans le langage chrétien, à une préposition : « pour ». Selon le quatrième évangile, le Baptiste désigne Jésus comme agneau de Dieu *« ... qui enlève le péché du monde »* (Jn 1,29). Paul dira : *« Christ est mort pour nos péchés »* (1 Co 5,3). Et Matthieu, dans son récit du dernier repas, met en valeur la parole sur la coupe : *« Ceci est mon sang de l'alliance, qui est répandu pour beaucoup en rémission des péchés »* (Mt 26,28) ; Marc et Luc sont plus sobres : *« ... répandu pour beaucoup »* (Marc) ou *« ... pour vous »* (Luc). Enfin, selon Jean, c'est bien ainsi que Caïphe, grand prêtre, présente cette mise à mort, même si la signification des mots lui échappe : *« qu'un seul homme meure pour le peuple »* (Jn 11,50 repris en 18,14).

Le mouvement rédempteur de la préposition « pour », le thème de la « rémission », l'importance accordée à l'impact universel de cette mort nous renvoient à l'architecture du poème du « Serviteur souffrant » (Is 52,13 – 53,12).

Ceci est l'interprétation présente dans le récit chrétien mais aussi dans le rituel du repas eucharistique. Comment Jésus lui-même a-t-il vécu sa mort ?

« Le Serviteur souffrant »

Parmi les textes scripturaires auxquels les récits de la Passion font appel, le poème du Serviteur souffrant, tiré des chants du Serviteur de YHWH (dans le livre d'Isaïe) est, avec le psaume 22, le plus important. Les citations explicites se retrouvent en Mt 8,16-17, Mc 15,28 ou Lc 22,37 ou Jn 12,37-41. Mais c'est le mouvement d'ensemble, le destin de cet homme mystérieux qui meurt et donne vie à ceux qui l'ont tué, qui a marqué, de façon implicite, l'écriture évangélique. Actes 8,26-40 (rencontre de Philippe avec un fonctionnaire éthiopien) le présente comme une clé d'interprétation de la mort du Christ (en gras, les citations reprises par Mt, Mc, Lc, Jn et Ac).

Voici mon serviteur qui prospérera. Il grandira, s'élèvera, sera placé très haut

De même que des multitudes avaient été saisies d'épouvante à sa vue, – car il n'avait plus figure humaine et son apparence n'était plus celle d'un homme – de même des multitudes de nations seront dans la stupéfaction

Devant lui, des rois resteront bouche bée pour avoir vu ce qui ne leur avait pas été raconté, pour avoir appris ce qu'ils n'avaient pas entendu dire

Qui a cru notre parole et à qui le bras du Seigneur a-t-il été révélé ?

Il s'élèvera devant le Seigneur comme un arbrisseau, et comme un rejeton qui sort d'une terre sèche : il est sans beauté et sans éclat ; nous l'avons vu et il n'avait rien qui attirât l'œil, et nous l'avons méconnu

Il nous a paru un objet de mépris, le dernier des hommes, un homme de douleurs, qui sait ce que c'est que souffrir ; son visage était comme caché, il paraissait méprisable, et nous ne l'avons point reconnu

Il a pris véritablement nos souffrances sur lui, et il s'est chargé lui-même de nos douleurs ; nous l'avons considéré comme lépreux, comme un homme frappé de Dieu et humilié

Et cependant il a été percé de plaie pour nos iniquités, il a été brisé pour nos crimes ; le châtiment qui nous devait procurer la paix est tombé sur lui ; et nous avons été guéris par ses meurtrissures

Nous nous étions tous égarés comme des brebis errantes, chacun s'était détourné pour suivre sa propre voie, et Dieu l'a chargé, lui seul, de l'iniquité de nous tous

Il a été offert, parce que lui-même l'a voulu, **et il n'a point ouvert la bouche ; il sera mené à la mort comme une brebis qu'on va égorger, il demeurera dans le silence sans ouvrir la bouche, comme un agneau est muet devant celui qui le tond**

Il est mort au milieu des douleurs ayant été condamné par les Juges. Qui racontera sa génération ? Car il a été retranché de la terre des vivants. Je l'ai frappé à cause des crimes de mon peuple

Et il donnera les impies pour le prix de sa sépulture, et les riches pour la récompense de sa mort ; parce qu'il n'a point commis d'iniquité, et que le mensonge n'a jamais été dans sa bouche

Mais le Seigneur l'a voulu briser dans son infirmité ; s'il livre son âme pour le péché, il verra sa race durer longtemps, et la volonté de Dieu s'exécutera heureusement par sa conduite

Il verra le fruit de ce que son âme aura souffert, et il en sera rassasié ; comme mon serviteur est juste, il justifiera par sa doctrine un grand nombre d'hommes, et il portera sur lui leurs iniquités

C'est pourquoi je lui donnerai pour partage une grande multitude de personnes, et il distribuera les dépouilles des forts, parce qu'il a livré son âme à la mort, et **qu'il a été mis au nombre des scélérats,** qu'il a porté les péchés de plusieurs, et qu'il a prié pour les violateurs de la Loi.

(Isaïe 52,13 – 53,12)

« Non pas ma volonté, mais la tienne »

Historiquement, Jésus a pu être condamné par Pilate comme un criminel politique parmi d'autres. La présence des deux autres « bandits » tendrait à l'infirmer, le terme employé par Matthieu peut désigner des agitateurs du type zélote. Historiquement, Jésus a pu être considéré comme dangereux – attaques prophétiques contre le Temple et prétention messianique – par les autorités religieuses de son peuple, Sanhédrin et grands prêtres en tête. Mais historiquement, Jésus a-t-il eu conscience que la crucifixion était le terme et l'achèvement de toute son existence ?

Il nous faut éviter ici toute reconstruction psychologisante. Les récits évangéliques, bien après les faits, s'écrivent d'un calame trempé dans la foi nouvelle et eux-mêmes butent sur le mystère de l'homme de Nazareth. Mais que celui-ci ait eu la prescience d'une mort violente, ce n'est pas exclu : Jérusalem est la ville *« qui tue les prophètes »* (Lc 13,34). Certes, les annonces de la Passion qui rythment la montée vers Jérusalem dans les synoptiques ont un évident effet dramatique. Mais elles soulignent une volonté d'accomplir l'inéluctable qu'il n'y a pas, historiquement, de raison de soupçonner, l'ultime combat à Gethsémani en constituant le climax : Jésus se soumet à une volonté qui le dépasse, celle de son « Père ». Le repas d'adieux, que ce soit dans les gestes eucharistiques de la version synoptique ou dans les discours johanniques, concentre par avance la signification des heures qui suivent : Jésus donne sa vie, on ne la lui prend pas. Humainement, cela n'est allé de soi, ni pour lui, ni pour ses disciples.

« Derrière moi, Satan... »

Les indices de résistances devant l'accomplissement de la volonté divine ne manquent pas. Matthieu et Luc racontent, dans des textes où l'enjeu se dit presque exclusivement dans un duel de citations scripturaires, les « tentations » (Mt 4,1-11, Lc 4,1-13). Luc mettra de nouveau en scène les trois tentations devant Jésus en croix : *« Qu'il se sauve, s'il est l'Élu... le roi des Juifs... le Messie »* (Lc 23,35-39). Marc est plus bref, mais au milieu de son évangile, comme un pivot, il raconte l'effroi des disciples – et peut-être de Jésus – devant la perspective d'une mort violente – qui, d'ailleurs, n'est pas encore identifiée comme crucifixion.

Marc 8,27-33. Pierre vient de reconnaître Jésus comme « Christ » et voilà que Jésus annonce la mort du « Fils de l'homme » où la gloire, encore attachée au titre messianique, semble s'anéantir, malgré l'espérance d'une résurrection.

Qu'est le « Fils de l'homme » ? Avec Pierre, nous savons qu'il s'agit pour Jésus d'une manière de se désigner lui-même. Plus haut, Marc en a donné une clé en racontant la guérison d'un paralytique : Jésus guérit mais c'est le « Fils de l'homme » qui remet les péchés (Mc 2,10). « Fils de l'homme » vise ainsi en Jésus ce qui concerne le salut de Dieu. Or, dans la mémoire des Écritures (celle du livre de Daniel par exemple), la venue de ce salut, située à la fin des temps, est radieuse. Comment pourrait-il y avoir un lien avec une mort dans les souffrances au cœur de l'Histoire ?

La pensée de Pierre résiste. Mais que dire de la violente réponse de Jésus : *« Derrière moi Satan »* ? Marc ne laisse-t-il pas entendre que le lien entre « salut » et « croix » ne fut accepté par Jésus qu'au prix d'un combat et d'une foi inouïe ? Et n'est-ce pas sur ce point qu'aujourd'hui se décide notre conception de la divinité du Christ ? Pour être en plénitude Messie et Seigneur de la fin des temps, Jésus doit traverser sa Passion : l'homme glorifié au matin de Pâques est identiquement Dieu crucifié. Comment ne pas être troublé ?

*

« Ne fallait-il pas que le Christ souffrît cela pour entrer dans la gloire ? » La remarque du Ressuscité aux marcheurs d'Emmaüs, ne cesse d'agiter ceux qui parcourent les évangiles et s'arrêtent au pied de la Croix. Ce « il faut », absolue nécessité, s'élargit, depuis les premiers temps de l'Église, aux figures scripturaires du juste persécuté (Psaume 22 en particulier) et du « serviteur souffrant » (Is 52,13-53,12). Celui-ci, bafoué, meurt, agneau docile, sans un cri ; or la volonté du Seigneur qui *« a voulu l'écraser par sa souffrance »* se réalise, paradoxalement, en lui qui *« apporte la justice à la multitude »*. Et les questions rebondissent : quel est donc le Dieu auquel le crucifié s'abandonne ? Identifié à l'innocent rassasié de malheurs et assoiffé de la justice divine, Jésus paie le prix d'un amour tel qu'on ne peut en penser de plus grand.

Amour ?

Que signifie le mot amour s'il ne se livre jusqu'au sang ?

Gérard Billon

II

LA PASSION DANS L'HISTOIRE

Passion et dolorisme

Une Passion de Jésus qui déborderait de sang, de coups et de violences de toute sorte non seulement contrasterait avec la sobriété des récits évangéliques mais elle se laisserait entraîner par la ronde folle des images fortes, des impressions violentes et par la fascination pour la souffrance et la douleur ; en un mot, elle ne retiendrait que le *spectaculaire* et laisserait échapper l'essentiel.

C'est pourquoi je voudrais d'abord apporter une réflexion historique sur la manière dont le christianisme s'est intéressé au *spectacle* des souffrances de Jésus lors de sa Passion. Or, la première surprise que nous réserve l'histoire, c'est que ces souffrances n'ont pas fait l'objet de représentations dans l'art chrétien des premiers siècles. Au cours de cette période, les images du Christ que l'on veut conserver et commémorer sont celle du bon Pasteur, celle du Messie baptisé par Jean des mosaïques de Ravenne et, encore, celle du Christ, « Sagesse divine », de sainte Sophie de Constantinople ou du Christ de l'*Anastasis*, qui descend au séjour des morts pour y prendre par la main Adam et Ève et les conduire à la Résurrection. Plus tard, comme à Cefalú, au XIIe siècle, ce sera le « Pantocrator » qui exprime la puissance de l'« énergie » divine... Dans ces représentations, nulle complaisance pour l'horreur ou la douleur, mais la paix, la sérénité, l'espérance en la Résurrection. On sait que, fidèles à une très ancienne tradition, les orthodoxes, encore aujourd'hui, se saluent, à l'office de Pâques, par la formule fondamentale du credo chrétien (ce que l'on appelle le *kérygme*) : « Christ est ressuscité ! »

Au cours de cet office, on lit, chaque année, l'homélie de saint Jean Chrysostome (350-407) qui donne tout son sens à cette fête :

> Ainsi donc, entrez tous dans la joie de votre Maître, et les premiers et ceux qui ont suivi, recevez la récompense. Riches et pauvres, fêtez en chœur. Abstinents et insouciants, honorez ce jour. Vous qui avez jeûné et vous qui ne l'avez pas fait, réjouissez-vous aujourd'hui. La table est chargée : festoyez tous. Le veau gras ne manque pas ; que personne ne sorte avec sa faim. Profitez tous du banquet de la foi. Profitez tous des richesses de la bonté.
>
> Que personne ne se lamente sur sa pauvreté : car notre commun royaume est apparu. Que personne ne se plaigne de ses péchés, car le pardon a jailli du tombeau. Que personne ne craigne la mort, car la mort du Sauveur nous a délivrés. Il l'a éteinte alors qu'il était retenu par elle. Il a dépouillé l'Enfer, celui qui est descendu aux

Enfers. Il l'a rempli d'amertume pour avoir goûté de sa chair. Isaïe l'avait prévu, quand il s'écriait : l'Enfer s'est rempli d'amertume lorsqu'il t'a rencontré dans ses profondeurs : amertume d'avoir perdu sa puissance ; amertume d'avoir été joué ; amertume d'avoir été mortifié ; amertume d'avoir été battu ; amertume d'avoir été enchaîné. Il s'était emparé d'un corps et il s'est trouvé devant un Dieu. Il avait pris de la terre, et il a rencontré le ciel. Il avait pris ce qu'il avait vu, il est tombé à cause de ce qu'il n'avait pas vu.

Ô mort, où est ton aiguillon ? Enfer, où est ta victoire ? Le Christ est ressuscité et tu as été précipité. Le Christ est ressuscité et les démons sont tombés. Le Christ est ressuscité et les anges sont dans la joie. Le Christ est ressuscité et la vie a retrouvé ses droits. Le Christ est ressuscité et il n'y a plus un mort au tombeau. Car le Christ ressuscité des morts est devenu prémices des défunts [1].

Et durant toute la semaine qui suit la Passion, et qui est appelée « semaine lumineuse », on chante le tropaire pascal :

Le Christ est ressuscité des morts, par la mort il a vaincu la mort, à ceux qui sont dans les tombeaux il a donné la vie.

La Passion ne prend son sens que dans la Résurrection.

*

Si cette tendance s'est maintenue dans l'Orient chrétien, dont l'art est resté plus longtemps religieux, plus symbolique aussi, l'Occident, lui, s'est engagé sur une tout autre voie, plus réaliste, qui l'a conduit à une insistance croissante sur la Passion du Christ et celles des martyrs. Ce mouvement a connu un tournant décisif aux XIIe et XIIIe siècles. Les raisons en ont été multiples, mais l'une des causes majeures a sans doute été l'immense tendresse exprimée par saint François d'Assise pour le Christ souffrant. Or, l'influence de saint François (celui que, de son temps, on surnomma l'« Autre Christ », *Alter Christus*) a été énorme dans la chrétienté latine.

De cette tendance qui a, en particulier, inspiré les *Pietà*, on est passé par une sorte de dérive à une véritable débauche dans la représentation de l'horreur, qui a culminé aux XVe et XVIe siècles et a abouti, par exemple, à la puissante mais sinistre crucifixion peinte par Grünewald pour les Antonites d'Issenheim (1511-1516), maintenant au musée d'Unterlinden de Colmar. On peut dire que l'art occidental a été, durant une certaine période, inépuisable sur « l'homme de douleur » (titre d'un dessin de Dürer).

En outre, *La Légende dorée* de Jacques de Voragine (XIIIe siècle) donna naissance à de multiples représentations de scènes de martyres. Cet ouvrage, dont le succès a été considérable, constitua un véritable réservoir d'images de supplices. C'est ainsi que, dans la chrétienté occidentale, se multiplièrent sur les murs des églises les représentations de martyres des saints, puisant leur pittoresque macabre dans les descriptions de *La Légende dorée*, les artistes brodant encore sur les détails qu'ils y lisaient. Mais ce mouvement s'est, lui-même, intégré dans un tropisme plus vaste en direction de l'horreur qui s'est manifesté, particulièrement aux XIVe, XVe et XVIe siècles dans les Jugements derniers, les Triomphes de la mort et l'iconographie macabre. Alors, on perdait complètement de vue la tendresse franciscaine pour le Christ souffrant, pour sacrifier au morbide de la souffrance.

Voilà un exemple tiré de *La Légende dorée*, du martyre du diacre Vincent de Saragosse :

> Dacien [...] fit étendre Vincent sur un chevalet, et ordonna qu'on lui rompît les membres. Et lorsque l'on eut rompu les membres du saint, le gouverneur lui dit : « Eh bien, voilà ton misérable corps dans un bel état ! » Mais le saint lui répondit en souriant : « C'est ce que j'ai de tout temps souhaité. » Dacien, exaspéré, le menaça d'autres supplices, s'il persistait à ne pas céder. [...] Alors les bourreaux enfoncèrent des peignes de fer dans les côtes du saint, à tel point que, de tout son corps, le sang coulait, et que ses entrailles sortaient entre les côtes brisées. Et Dacien lui dit : « Vincent, aie pitié de toi ! » [...] Mais Vincent : « Langue empoisonnée, je ne crains pas tes tourments ; mais ce qui m'effraie c'est que tu feignes

d'avoir pitié de moi. » [...] Alors Dacien le fit retirer du chevalet, fit apporter un gril, et ordonna d'allumer un grand feu. Et le saint, par ses paroles, encourageait les bourreaux à presser leur travail. Puis, montant de son plein gré sur le gril, il offrit au feu tous ses membres, pendant que des pointes enflammées s'enfonçaient dans ses chairs, et pendant qu'on jetait du sel dans le feu, pour que ce sel, pénétrant dans ses plaies, lui rendît plus cruelle la sensation de la brûlure. Et, après ses jointures, ses entrailles elles-mêmes furent transpercées et se répandirent autour de lui ; et lui, immobile et les yeux levés au ciel, invoquait le Seigneur.

Les bourreaux vinrent apporter la nouvelle à Dacien. « Hélas ! dit celui-ci, il nous a vaincus ! Mais pour prolonger son supplice, jetez-le maintenant dans le plus sombre des cachots, après avoir semé sur le sol des pointes aiguës ; et, lui ayant lié les pieds, laissez-le là ! Puis, quand il sera mort, venez me le dire ! » Et les cruels serviteurs s'empressèrent d'obéir à leur maître, plus cruel encore. Mais voici que le Roi pour qui souffre le glorieux soldat, voici qu'il change sa peine en une gloire nouvelle. Car les ténèbres du cachot se trouvent chassées par une immense lumière, l'aspérité des pointes se change en un lit de douces fleurs, les liens des pieds se brisent, et des anges viennent consoler le martyr [2].

*

Parallèlement, se développaient la pratique et les flagellations du chemin de croix. Ce phénomène prend naissance à peu près à la même époque en s'inspirant des processions de pèlerins à Jérusalem qui avaient lieu au cours de la Semaine sainte. Aux XIVe et XVe siècles, les Franciscains, gardiens des Lieux saints, prirent en mains la direction de ces exercices pieux qui, à Jérusalem, le long de la *via dolorosa* suivie par le Christ, conduisaient du tribunal de Pilate au bas de la ville jusqu'au Golgotha. Ils eurent alors l'idée de transporter cette méditation sur la Passion dans le cadre de la vie quotidienne des fidèles qui ne pouvaient se rendre à Jérusalem. C'est ainsi qu'ils imaginèrent et répandirent la pratique des chemins de croix en plein air ou dans les églises. Le parcours a pu varier, commencer au prétoire pour finir au Saint-Sépulcre ou partir de l'institution de l'eucharistie jusqu'à l'Ascension ; de même le nombre des stations en a fluctué, pour se stabiliser à quatorze à la fin du XVIIe siècle. Certaines de ces stations, d'ailleurs, n'ont pas de référent dans les récits évangéliques, comme les chutes du Christ, la rencontre avec Marie ou le geste de Véronique essuyant le visage du supplicié.

*

S'il est juste de dire que l'art occidental s'est largement engagé vers le réalisme, il serait gravement inexact de l'enfermer dans ce choix. Car il a produit aussi des peintures extrêmement sereines dont témoigne, par exemple, le visage apaisé du Christ en croix de Fra

Angelico au couvent San Marco de Florence qui contraste si fortement avec celui du supplicié de Grünewald, et d'autres peintures extrêmement violentes. La période que nous appelons la « Renaissance » a été caractérisée par l'opposition entre deux tendances.

L'art de Piero della Francesca, comme celui de Fra Angelico, est un art apaisé, qui veut conduire à la paix intérieure tout à fait à l'opposé de la crucifixion d'Issenheim. En dépit de ce nécessaire correctif, on doit néanmoins reconnaître que l'art religieux des XIVe-XVIe siècles s'est plus volontiers porté vers la violence que vers la paix, et que l'horreur, la souffrance et la douleur ont alors primé dans la représentation que l'Occident s'est faite de la Passion du Seigneur.

Certes, on voit mal un christianisme qui ne lirait plus la Passion du Sauveur durant la Semaine sainte et qui abandonnerait la pratique du chemin de croix. De même que la compassion pour le Christ de douleur qui a habité de nombreux mystiques, tels François d'Assise, Thérèse d'Avila ou Marguerite-Marie ne peut d'aucune manière être gommée de l'histoire chrétienne. Mais, en ce domaine le bon sens religieux et une juste mesure doivent préserver des excès.

Les mystiques, que je viens d'évoquer, étaient des êtres hors du commun qui ressentaient dans leur chair les souffrances du Sauveur. Or de tels cas ne peuvent être

Allégorie de la Mort, Agostino Veneziano (1518),
avec au centre la représentation personnifiée de la mort surmontée de deux ailes qui signifient l'envol inexorable du temps. L'image des squelettes décharnés, les visages angoissés des vieillards, la nudité des corps rappellent à l'homme sa condition mortelle.

La crucifixion vue par Mathias Grünewald (1450-1528) dans le retable d'Isenheim. Les ténèbres recouvrent le monde, dominé par la figure du Crucifié, tordu de douleurs, la chevelure collée de sueur, les muscles et les veines saillantes.

Le triomphe de la mort, vu par Peter Brueghel dit l'Ancien (1525-1569). Le peintre souligne ici la dimension universelle et cosmique de la Mort qui s'avance sur un cheval squelettique en fauchant tous les humains sur son passage. La Renaissance a affectionné à la fois la beauté et l'horreur.

« Le Bon Pasteur donne sa vie pour ses brebis » :
c'est cette vision évangélique positive de la foi chrétienne que propose ici cette mosaïque de Ravenne (Ve siècle). Le Christ ne présente pas un visage de souffrant, il traduit au contraire la sollicitude du berger pour ses brebis, qu'il caresse en un geste de tendresse.

qu'exceptionnels, et le danger apparaît vite que des personnes religieusement moins robustes cèdent à la tentation et au vertige de la surenchère et des records ; je pense notamment aux excès des flagellants au moment de la Peste noire.

Saint François d'Assise a été incontestablement un rude ascète et un grand mystique. Il a fait partie des rares privilégiés pour qui le ciel s'ouvre, tout comme saint Jean de la Croix et sainte Thérèse d'Avila. Mais si le ciel s'est ouvert pour eux, c'est parce qu'ils étaient tendus vers lui et qu'ils lui ont tout sacrifié. Parce qu'il vivait dans l'intimité du Christ souffrant, saint François a pu recevoir dans son propre corps les plaies du Crucifié. Tout comme, en notre temps, le Padre Pio, un autre franciscain. Cette tension vers le Christ s'est manifestée par les stigmates. Mais une telle communion aux souffrances du Christ ne peut être que rare, et elle doit le demeurer. On ne peut l'ériger en modèle, ni en faire les but des exercices de piété.

Les maîtres spirituels ont, en général, été très prudents à ce sujet. S'ils ont, parfois, eux-mêmes abusé un moment des mortifications, ils les ont toujours modérées après leurs premiers excès. Ils refusaient qu'on les imite et ont souvent réprouvé ensuite l'exagération de l'ascétisme. Certes Rancé, réformateur de la Trappe, se montra intransigeant sur la nécessité de la mortification. Il jugeait que :

> Pour les congrégations monastiques, ce sont des troupes de criminels et de pénitents publics qui, ayant manqué à la fidélité qu'ils doivent à Dieu et l'ayant irrité par leur désobéissance, ne peuvent plus rien prétendre de sa bonté qu'après avoir satisfait à sa justice par des châtiments dignes de leurs péchés [3].

On croit savoir que ce sont les excès de rigueur de Rancé qui ont empêché sa canonisation. Ignace de Loyola, en dépit de ses exploits ascétiques à Manresa, où il serait resté une semaine sans manger, alors qu'il se fouettait de chaînes à pointes et se frappait la poitrine avec une pierre, restant en oraison sept heures par jour, arriva finalement à la conclusion qu'il est mieux de « dormir pendant le temps destiné au sommeil », et choisit d'« abandonner les mesures excessives qu'il avait prises auparavant » [4].

*

Il faut ici distinguer austérité et dolorisme. On peut essayer d'obtenir la maîtrise de soi par des exercices parfois héroïques sans pour autant rechercher des souffrances inhumaines. L'histoire nous révèle pourtant des mortifications qui donnent le vertige.

Ainsi, Marguerite-Marie, religieuse de la Visitation de saint François de Sales, et dont la devise était : « Aimer et souffrir aveuglément », raconte-t-elle :

> J'étais si fort douillette, que la moindre malpropreté me faisait bondir le cœur. Jésus me reprit si fortement là-dessus, qu'une fois, voulant nettoyer le vomissement d'une malade, je ne pus me défendre de le faire avec la langue en disant à Jésus-Christ : si j'avais mille corps et mille vies, je les immolerais pour vous être asservie, ô mon Époux. Je trouvais pour lors tant de délices en cette action, que j'aurais voulu tous les jours rencontrer pareilles occasions pour apprendre à me vaincre, et n'avoir que Dieu pour témoin [5].

Ces conduites dépassent l'ascétisme. A partir du moment où l'on entre dans une attitude d'expiation, la dérive guette. C'est pourquoi il est très important de conserver une sorte de bon sens en ce domaine. Je dirais : un bon sens chrétien.

Les représentations morbides de la Passion, la complaisance pour le spectacle de la souffrance, la fascination pour la douleur, relèvent du dolorisme. Projecteur braqué sur les souffrances du Christ, de Marie, et des saints, conviction qu'il est nécessaire de souffrir pour se racheter et racheter l'humanité, le dolorisme a longuement marqué l'histoire du christianisme occidental.

Ainsi, dans le fameux *Stabat Mater* du franciscain Jacopone da Todi, qui vécut au XIIIe siècle :

> Debout la Mère douloureuse
> Serrait la Croix, la malheureuse,
> Où son pauvre enfant pendait.

Et dans son âme gémissante,
Inconsolable, défaillante,
Un glaive aigu s'enfonçait.

Ah ! qu'elle est triste et désolée,
La Mère entre toute comblée !
Il était le Premier-Né !

Elle pleure, pleure, la Mère,
Pieusement qui considère
Son enfant assassiné.

Qui pourrait retenir ses pleurs
A voir la Mère du Seigneur
Endurer un tel supplice ?

[...]

Exauce-moi, ô Sainte Mère,
Et plante les clous du Calvaire
Dans mon cœur, profondément !

Pour moi ton Fils, couvert de plaies,
A voulu tout souffrir ! Que j'aie
Une part à ses tourments !

Que je pleure en bon fils avec toi,
Que je souffre avec lui sur la croix
Tant que durera ma vie !

[...]

Fais que me marque son supplice,
Qu'à sa Passion je compatisse,
Que je m'applique à sa croix !

Fais que ses blessures me blessent,
Que je goûte à la croix l'ivresse
Et le sang de ton enfant !

[...]

Et quand mon corps aura souffert,
Fais qu'à mon âme soit ouvert
Le beau paradis de la gloire [6].

Un des fondements du dolorisme se trouve dans une théologie qui a dominé en Occident jusqu'à Vatican II et qui présentait la Rédemption comme une *dette à payer* à partir de l'énormité prétendue du péché originel. Jusqu'à Vatican II, en effet, la Rédemption était présentée, dans les traités, les prêches ou les catéchismes, comme un *rachat*, devenu indispensable pour que la justice de Dieu le Père soit apaisée après la faute de nos premiers parents. Et, comme la faute avait été énorme, il fallait aussi que le supplice et la mort fussent terribles. Il y avait comme une proportionnalité entre les deux. Ainsi, la doctrine traditionnelle du péché originel, qui mettait l'accent sur l'excès de la faute, a-t-elle joué un rôle capital pour faire dévier la réflexion théologique et pastorale relative aux souffrances de Jésus-Christ. A l'inverse, si le dolorisme est absent de l'art et de la pitié de l'Orient, c'est que le christianisme de tradition grecque n'a pas connu cette surévaluation du péché.

Théophile d'Antioche écrivait, au IIe siècle :

L'arbre de la science était lui-même bon, et son fruit aussi. Ce n'est pas, comme s'imaginent certains, l'arbre qui contenait la mort, mais la désobéissance. Il n'y avait

> rien d'autre dans le fruit de la science ; et la science, c'est bien, du moment qu'on s'en sert comme il faut. Mais par son âge réel Adam n'était encore qu'un enfant, et c'est pour cela qu'il ne pouvait comme il faut recevoir la science [7].

De même, Irénée de Lyon, pour qui aussi Adam était un enfant dont le jugement n'était pas encore achevé, estimait, concernant la faute, que :

> L'homme avait accueilli la désobéissance par inadvertance et non par malice [8].

C'est ainsi que pour le christianisme de tradition grecque, Adam ne nous a pas transmis héréditairement sa faute, mais les conséquences de celle-ci, la mortalité et la faiblesse qui l'accompagne, ce qui permettait à Théodore de Mopsueste d'écrire dans son commentaire de l'épître aux Romains :

> En devenant mortels, nous acquîmes une tendance plus grande à pécher [9].

L'homme, donc, ne nait pas coupable mais innocent et libre ; il nait aussi cerné par l'horizon de la mort à laquelle il ne peut échapper, cerné par les passions qui en résultent et qui l'entraînent à la faute.

La doctrine, que l'on désigne par le terme technique de « justification », vient de saint Paul à travers l'interprétation qu'en a donnée saint Augustin et la systématisation qu'en a faite saint Anselme. Elle a pu être jugée comme l'effet d'un légalisme excessif, mais il y a aussi en elle l'idée sous-jacente que le péché d'Adam et d'Ève avait été d'une telle ampleur que toute l'humanité réunie ne la pouvait racheter. L'offense faite à Dieu étant infinie, la compensation qu'elle exigeait ne pouvait être qu'infinie ; la colère du Père ne pouvait se satisfaire que du sacrifice du Fils. Tel était le fonds doctrinal.

*

Jésus paie donc à son Père une dette énorme qui ne cesse de s'alourdir avec les péchés présents et ceux à venir. Il a souffert pour les péchés de chacun d'entre nous, et chacun d'entre-nous réclame sa part de souffrance parce que nous sommes pécheurs et naissons pécheurs. Ainsi Pascal peut-il écrire, dans le *Mystère de Jésus* : « Je pensais à toi dans mon agonie, j'ai versé telles gouttes de sang pour toi. » On peut même trouver une quantification caricaturale dérivée de cette affirmation dans une prière qu'on lisait parfois aux enfants, il y a une cinquantaine d'année, en Suisse.

> Considérez, mes sœurs, que j'ai versé pour vous 62 200 larmes, et des gouttes de sang dans le jardin des Olives 97 307.
>
> J'ai reçu sur mon corps sacré 1 667 coups.

Des soufflets sur mes délicates joues, 110.

Des coups au cou, 107.

Sur le dos, 380.

Sur ma poitrine, 43.

Sur la tête, 85.

Aux flancs, 38.

Sur les épaules, 62.

Sur les bras, 40.

Aux cuisses et aux jambes, 32.

Ils m'ont frappé à la bouche 30 fois.

On m'a jeté sur ma précieuse face de vilains et infâmes crachats, 32 fois.

On m'a traité à coups de pied, comme un séditieux, 370 fois.

On m'a poussé et renversé par terre 1 fois.

On m'a tiré par les cheveux, 30 fois.

On m'a arraché et traîné par la barbe 38 fois.

Que votre cœur s'enflamme !

Au couronnement d'épines on m'a fait à la tête 303 trous.

J'ai gémi et soupiré, pour votre salut et conversion, 900 fois.

Des tourments capables de me faire mourir, j'en ai souffert 162.

D'extrêmes agonies, comme si j'eusse été mort, 19 fois.

Du prétoire jusqu'au Calvaire, portant ma croix, j'ai fait 320 pas.

Pour tout cela, je n'ai reçu qu'un acte de charité par sainte Véronique, qui m'a essuyé le visage d'un mouchoir où ma face est demeurée empreinte de mon précieux sang [10]...

Et, si le Christ souffre pour nous, il faut nous hausser au niveau de ses souffrances. Pascal fait dire aussi à Jésus : « Veux-tu qu'il m'en coûte du sang de mon humanité, sans que tu me donnes des larmes ? » Et il conclut : « Il faut ajouter mes plaies aux siennes et me joindre à lui, et il me sauvera en se sauvant. »

Dans un sermon du Vendredi saint (1656 ou 1658), l'augustinien Bossuet écrit :

> En effet, il n'appartient qu'à Dieu de venger ses propres injures, et tant que sa main ne s'en mêle pas, les péchés ne sont punis que faiblement : à lui seul appartient de faire comme il faut justice aux pécheurs ; et lui seul a le bras assez puissant pour les traiter selon leur mérite. « A moi, à moi, dit-il, la vengeance : Eh ! Je leur saurai bien rendre ce qui leur est dû » – *mihi vindicta et ergo retribuam.* Il fallait donc mes frères qu'il vînt lui-même contre son Fils avec toutes ses foudres : et puisqu'il avait mis en lui nos péchés il y devait mettre aussi sa juste vengeance. Il l'a fait, Chrétiens, n'en doutons pas. C'est pourquoi le même prophète nous apprend que, non content de l'avoir livré à la volonté de ses ennemis, lui-même voulant être de la partie, l'a rompu et froissé par les coups de sa main toute puissante : *Et Dominus voluit conterere eum in infirmitate* (Is 53,10). Il l'a fait, dit-il, et a voulu le faire – *voluit conterere* ; c'est par un dessein prémédité [11]...

Toujours dans un sermon portant précisément sur la Passion de Jésus-Christ, le jésuite Bourdaloue ne dit pas autre chose. Évoquant le Père, il dit de lui :

Par une conduite aussi adorable qu'elle est rigoureuse, oubliant que Jésus est son Fils et l'envisageant comme son ennemi (pardonnez-moi ces expressions), [il] se déclare son persécuteur ou plutôt le chef de ses persécuteurs... la cruauté des Juifs ne suffisait pas pour punir un homme tel que celui-ci, un homme couvert des crimes de tout le genre humain ; il fallait, dit saint Ambroise, que Dieu s'en mêlât, et c'est ce que la foi nous découvre sensiblement...

Car c'était vous-même, Seigneur, qui justement changé dans un Dieu cruel, faisiez sentir, non plus à votre serviteur Job, mais à votre Fils unique, la pesanteur de votre bras. Depuis longtemps vous attendiez cette victime ; il fallait réparer votre gloire et satisfaire votre justice : vous y pensiez ; mais ne voyant dans le monde que de vils sujets, que des têtes criminelles, que des hommes faibles, dont les actions et les souffrances ne pouvaient être d'aucun mérite devant vous, vous vous trouviez réduit à une espèce d'impuissance de vous venger. Aujourd'hui vous avez de quoi le faire pleinement ; car voici une victime digne de vous, une victime capable d'expier les péchés de mille mondes, une victime telle que vous la voulez et que vous la méritez. Ce Sauveur attaché à la croix est le sujet que votre justice rigoureuse s'est elle-même préparé. Frappez maintenant, Seigneur, frappez : il est disposé à recevoir vos coups ; et sans considérer que c'est votre Christ, ne jetez plus les yeux sur lui que pour vous souvenir qu'il est le nôtre, c'est-à-dire qu'il est notre hostie et qu'en l'immolant, vous satisferez cette divine haine dont vous haïssez le péché...

Ce n'est point dans l'enfer que le Seigneur se déclare plus authentiquement le Dieu des vengeances, c'est au

Calvaire : *Deus ultionum Dominus* (Ps 93). C'est là que sa justice vindicative agit librement et sans contrainte, n'étant point resserrée comme elle l'est ailleurs, par la petitesse du sujet à qui elle se fait sentir : *Deus ultionum libere agit* (ibid). Tout ce que les damnés souffriront n'est qu'une demi-vengeance pour lui : ces grincements de dents, ces gémissements et ces pleurs, ces feux qui ne doivent jamais s'éteindre, tout cela n'est rien ou presque en comparaison de Jésus-Christ mourant [12].

*

Ainsi, le dolorisme a constitué un trait important du christianisme occidental, notamment à partir des XIIIe et XIVe siècles. Puis, une certaine rupture s'est produite à partir de la Réforme. En affirmant que l'on ne peut gagner le Paradis par les œuvres s'il n'y a pas la grâce, la Réforme a, d'une certaine manière, détourné l'attention d'une pratique excessive des mortifications ; on aura beau se martyriser, pratiquer tous les ascétismes que l'on voudra, s'infliger toutes les mortifications possibles et imaginables, on n'arrivera jamais à être digne du Paradis. Accomplissons donc plutôt notre vie quotidienne, et la grâce de Dieu fera le reste. D'où, à partir de la Réforme, une insistance sur la vie dans le monde qui n'existait pas auparavant et qui a pu faire pièce au dolorisme.

Celui-ci, il faut le rappeler, a été lié aussi à la conception monastique du *contemptus mundi* (le « mépris du monde »). Or, cette doctrine, conçue par des moines et pour des moines, a été présentée comme un modèle à une civilisation entière par la prédication : ce qui mettait l'immense majorité des laïcs dans une position inconfortable. Le *contemptus mundi* ouvrait le chemin du dolorisme.

Voilà ce qu'écrivait le dominicain Henri Suso (1296-1366) faisant parler le Christ à travers la Sagesse :

> La souffrance est pour le monde une abjection, pour moi elle a une immense dignité. La souffrance éteint ma colère et acquiert ma faveur. La souffrance rend pour moi l'homme aimable, car celui qui souffre me ressemble... Elle fait d'un homme de la terre un homme du ciel. La souffrance rend étranger au monde et donne en échange ma fidèle intimité... Il faut qu'il soit complètement renié et abandonné du monde, celui que j'accueille amicalement [13].

Cela dit, si le protestantisme n'a pas connu de dolorisme à proprement parler, il a accentué encore le poids de la première faute et a fini par élaborer sa propre version du dolorisme : le puritanisme.

Le danger de la doctrine de la « dette à payer » est de détourner le regard et la piété de la Résurrection en opérant une fixation qui risque d'être morbide sur les souffrances de la Passion. Or, sans le dénouement de la Résurrection (je parle pour les chrétiens) les tourments subis par Jésus ne seraient, hélas !, que l'un des nombreux et affreux supplices que les hommes, au cours des siècles, ont infligés à des victimes souvent innocentes.

Le chemin de croix n'a de sens que parce qu'il conduit vers Pâques ; c'est-à-dire vers l'espérance. Au contraire, l'insistance sadique sur la souffrance est psychologiquement malsaine et, s'ajoutant à la doctrine de la « dette à payer », provoque à chercher les responsables d'un crime aussi épouvantable. Ces responsables seront alors, ou bien nous-mêmes (nous n'aurons jamais fini d'acquitter la dette de nos péchés) ou bien des individus monstrueux que l'on peut nommer, en l'occurrence, ici, les Juifs ou les païens (les Romains).

*

Une telle vision, heureusement, a trouvé, au sein même du monde catholique, des axes de résistance. Déjà au XIXe siècle, la tendance était à amender sa rigueur. L'iconographie sulpicienne peut nous paraître mièvre aujourd'hui, mais c'est qu'elle s'est justement caractérisée par un apaisement certain en réaction contre les violences de la période précédente et, en ce sens, elle a été la bienvenue. Simultanément se sont répandus en France, dans la prédication et la pratique de la confession, les adoucissements qu'avait apportés saint Alphonse de Liguori. On dit, à ce sujet, que le curé d'Ars, qui n'était pas un tendre, avait modifié sa façon de prêcher à partir du moment où il avait eu connaissance des conseils de saint Alphonse de Liguori. L'iconographie sulpicienne s'est donc située à l'intérieur d'une phase d'apaisement et, j'ajouterai, de féminisation du catholicisme au XIXe siècle.

Au sujet des excès de mortification, Alphonse de Liguori remarquait :

> Saint Basile, lui aussi, exhortait chaque religieux à se contenter autant que possible des choses ordinaires et communes. Cela vaut mille fois mieux que de s'accabler de jeûnes, de disciplines et de cilices et de se singulariser dans la nourriture. Les exceptions ont été le point de départ du relâchement pour beaucoup d'Ordres religieux [14].

Cela ne veut pas dire que le dolorisme antérieur ait été entièrement effacé au XIXe siècle. En France, dans la première moitié du XXe siècle, on faisait souvent chanter aux enfants :

> Le petit Jésus allait à l'école
> En portant sa croix dessus son épaule
> Quand il savait sa leçon
> On lui donnait des bonbons
> Une pomme douce
> Pour mettre à la bouche
> Un bouquet de fleurs

Pour mettre à son cœur
C'est pour vous
C'est pour moi
Que Jésus est mort, est mort
C'est pour vous
C'est pour moi
Que Jésus est mort en croix.

De même la doctrine traditionnelle du « péché originel » qui en faisait le fonds, continuait d'être enseignée, comme en témoigne cet article du catéchisme du diocèse de Paris, en 1933 :

> Oui, le péché d'Adam s'est communiqué à ses descendants, en sorte qu'ils naissent dans l'état de péché et sujets aux misères qui en sont la suite.

Et, concernant la compréhension du « rachat », ce même catéchisme de préciser ce qu'il faut comprendre lorsque l'on dit que Jésus a racheté les hommes :

> J'entends qu'il a payé la dette de leurs péchés à la justice divine et leur a ouvert le ciel.

En fait, il faudra attendre Vatican II pour que la doctrine de la *dette à payer* soit rejetée et qu'en soient dénoncés, en termes très sévères parfois, l'horreur et le sadisme sous-jacent. Joseph Ratzinger a écrit qu'il récusait à un Dieu « dont la justice inexorable aurait réclamé un sacrifice humain, le sacrifice de son propre

Fils. Autant cette image est répandue, autant elle est fausse [15]. »

De façon concordante, Rey-Mermet écrivait dans les années 1970 :

> Cette doctrine présente Dieu comme un justicier sanguinaire, un maquignon rapace, pour qui la rançon n'a d'ailleurs pas d'odeur puisqu'il sacrifie l'innocent pour le coupable. A moins qu'on y voie une transaction fictive de Dieu à Dieu, un capital changeant de tiroir dans la même caisse. Mais alors, pourquoi cette comédie ? Et dans ce « jeu », pourquoi souffrance et mort d'homme ? [...] De toute façon, dans un cas comme dans l'autre, la Résurrection devient sans importance, puisque tout est payé, « racheté », par la mort [16].

Toujours condamnant cette doctrine, Bernard Sesboüé ajoute :

> Cette interprétation fautive est dramatique, car elle transfère la volonté de mort et la violence des hommes pécheurs à Dieu lui-même. Les hommes deviendraient le bras séculier de Dieu et provoqueraient un péché pour rétablir sa justice. Cela n'a pas de sens. Ici encore on constate la tentation de l'homme de se décharger sur Dieu lui-même de sa propre violence... Car ce Dieu vengeur, sanguinaire et injuste, puisqu'il punit l'innocent à la place des coupables, n'est pas digne qu'on croie en lui : c'est un moloch [17].

Grâce à ces remises en cause, la compréhension de la Rédemption s'est trouvée renouvelée.

*

Si l'on veut bien comprendre le sens de la Rédemption et la Passion, il convient de revenir au sens premier du mot « rachat », celui que l'on rencontre dans l'Exode et qui signifie « libération » de l'esclavage, sans que l'on y rencontre la moindre mention d'une rançon exigée par Dieu. Dans la version grecque de la Bible, la *Septante* et dans le Nouveau Testament, le terme « rachat », en hébreu *padah* ou *gô'el*, est traduit par *lutroun* et ses dérivés, que le latin restitue par *redemptio*. Or, dans la Bible, *lutroun*, racheter, connaît quatre-vingt-dix occurrences, et le plus souvent il a Dieu pour sujet. Quarante-quatre fois, il transcrit *gô'el*, « mettre en liberté », quarante et une fois *padah*, « libérer, délivrer, sauver, racheter », et cinq fois *poraq*, « arracher », par exemple, à un danger. Ainsi, dans la Bible, et s'agissant de Dieu, aucun des sens *lutroun-redemptio* ne fait intervenir l'idée d'une « délivrance contre paiement d'une rançon ».

Dans l'Exode (6,5-8), le Seigneur dit, s'adressant à Moïse :

> Je vous ferai sortir des corvées d'Égypte, je vous délivrerai de leur servitude... Je vous prendrai comme mon peuple à moi et, pour vous, je serai Dieu. Je vous ferai entrer dans le pays que, la main levée, j'ai donné à Abraham, à Isaac et à Jacob.

Originellement, la Rédemption est donc une libération qui, dans le texte de l'Exode, se conclut par une alliance. Dieu, libéralement, sans exiger de contrepartie, sans évoquer de dette, délivre son peuple de l'esclavage en renouvelant la promesse faite à Abraham. Et, pour sceller cette alliance, le peuple procède à un sacrifice. Ainsi le départ pour la Terre promise commença-t-il par le sacrifice d'un agneau.

Ce sont ces éléments – libération, sacrifice et alliance – qui se retrouvent dans les Évangiles et, bien évidemment, dans la Pâque nouvelle. Jésus, le Jeudi saint, prend la place des animaux du sacrifice dans le cadre de l'Alliance nouvelle de Dieu avec l'humanité entière, la « multitude ». Et, en concluant cette alliance, il pardonne les péchés.

C'est dans ce cadre qu'il faut situer le sens de la Rédemption : le sacrifice de l'Agneau à l'occasion de la Nouvelle Alliance ; non comme une dette dont on s'acquitte, mais comme un acte d'amour entièrement gratuit.

De la sorte, la Rédemption est toujours actuelle ; c'est l'amour gratuit de Dieu qui, en dépit de nos péchés, maintient son alliance avec nous.

*

Dans notre monde saturé de violence, une Passion qui se fixerait sur la souffrance ressemblerait à s'y méprendre à une mauvaise action. Un spectacle se voulant sacré et qui déborderait de sang et de haine ne pourrait qu'accabler et traumatiser au lieu de conduire vers le pardon et l'espérance. Il ne ferait que reprendre cette lourde tradition qui a plus insisté sur le péché que sur le pardon.

Une telle Passion (celle de Mel Gibson est interdite, aux États-Unis, aux moins de dix-sept ans) manquerait son but. Elle ne pourrait, en nos temps d'inquiétude, que dissuader du christianisme, en refusant d'écouter les voix qui s'élèvent du monde entier pour demander plus de sérénité, plus de recueillement, plus de paix intérieure. Elle étoufferait et masquerait l'espérance chrétienne au lieu de conduire vers elle. On pourrait objecter qu'à vouloir ainsi détourner le regard des souffrances on risque de tomber dans l'angélisme. Je reconnais que ce danger existe. Mais il me semble que l'histoire du XXe siècle nous en protège, malheureusement. L'angélisme, aujourd'hui, n'est pas à redouter. Le mal et la violence sont tellement présents autour de nous que nous avons plutôt besoin de nous en abstraire, besoin de respirer un air pur qui ne soit pas saturé par l'odeur nauséabonde des tragédies, besoin d'affirmer de la façon la plus nette que, si le mal est présent, le bien existe, lui aussi.

Le dolorisme conduit celui qui s'y livre à rester fixé sur la douleur, figé dans la souffrance, paralysé par elle alors qu'il s'agit, au contraire, de la soulager. Le christianisme invite à assimiler tout être souffrant au Christ. Tel est bien le message essentiel de Jésus dans la célèbre « prophétie » du Jugement dernier :

> Alors le Roi dira à ceux de droite : « Venez, les bénis de mon Père, recevez en héritage le royaume qui vous a été préparé depuis la fondation du monde. Car j'ai eu faim et vous m'avez donné à manger, j'ai eu soif et vous m'avez donné à boire, j'étais un étranger et vous m'avez accueilli, nu et vous m'avez vêtu, malade et vous m'avez visité, prisonnier et vous êtes venus me voir. » Alors les justes lui répondront : « Seigneur, quand nous est-il arrivé de te voir affamé et de te nourrir, assoiffé et de te désaltérer, étranger et de t'accueillir, nu et de te vêtir, malade ou prisonnier et de venir te voir ? » Et le Roi leur fera cette réponse : « En vérité, je vous le dis, dans la mesure où vous l'avez fait à l'un de ces plus petits de mes frères, c'est à moi que vous l'avez fait. »

Il y a là un message qui invite à dépasser le dolorisme pour agir en faveur des déshérités, à ne pas se complaire dans la souffrance mais à soulager celle d'autrui. Amour et charité, plutôt qu'attirance morbide vers la violence.

Jean Delumeau

NOTES

J'ai développé ces thèmes avec plus d'ampleur dans mes deux ouvrages : *Guetter l'aurore* (aux éditions Grasset, 2003, ch. V) et *Le péché et la mort* (aux éditions Fayard, 1994, ch. X).

1. Jean Chrysostome, « Homélie pascale », *in Liturgicon*, éd. du Renouveau, 1990, p. 157.
2. Jacques de Voragine, *La Légende dorée*, Saint Vincent, martyr (22 janvier), « Points sagesses », trad. Teodor Wyzena, Seuil, p. 101-103.
3. A.-J. de Rancé, *Lettre sur le sujet des humiliations et autres pratiques de religion*, Cerf, 1677, p. 212.
4. Ignace de Loyola, *Autobiographie*, Seuil, 1962, p. 74.
5. J.-J. Languet, *La Vie de la vénérable Mère Marguerite-Marie*, 1860, p. 100-101.
6. *Stabat Mater*, adaptation du père Fedes, Missel quotidien des fidèles.
7. Théophile d'Antioche, *Trois livres à Autolycus*, *in* « Sources chrétiennes », Cerf, 1948, p. 159 (II, 2).
8. Irénée de Lyon, *Contre les hérésies*, IV, *in* « Sources Chrétiennes », Cerf, 1948, II, p. 981.
9. Théodore de Mopsueste, *in Romain*, *in* J. Meyendorff, « Initiation à la théologie byzantine », Cerf, 1975, p. 195.
10. Cette prière m'a été communiquée par le père Th. Rey-Mermet, qui était suisse.
11. Bossuet, *Œuvres*, Sermon de 1656-1658, éd. Rennes, 1862, t. II, p. 448.
12. Bourdaloue, *Mystères*, Sermon IV : « Sur la Passion de Jésus-Christ », *in* Migne, *Collections des orateurs sacrés*, XIV, col. 1039-1034.
13. H. Suso, *Œuvres complètes, Livre de la Sagesse éternelle*, ch. 13, Seuil, 1977, p. 362.
14. Alphonse de Liguori, *La vraie épouse de Jésus-Christ ou la sainte religieuse*, trad. F. Delerme, Paris-Saint-Étienne, 1926, p. 116.
15. J. Ratzinger, *Foi chrétienne hier et aujourd'hui*, Mame, 1976, p. 197.
16. Th. Rey-Mermet, *Croire*, I, Droguet-Ardant, 1976-1999, p. 206.
17. B. Sesboüé, *Croire*, I, Droguet-Ardant, 1976-1999, p. 294-295.
18. Matthieu 25,34-40, Bible de Jérusalem.

ANNEXES

Les autres récits de la Passion

La Passion selon saint Matthieu

[**26**]

A Gethsémani //Mc **14**,32-42 Lc **22**,39-46

36 Alors Jésus vient avec eux
dans un domaine dit Gethsémani.
Il dit aux disciples :
« Asseyez-vous, là,
pendant que je m'en irai là-bas prier. »
37 Il prend avec lui Pierre et les deux fils de Zébédée.
Il commence à s'attrister, envahi d'angoisse.
38 Alors il leur dit :
« Mon âme est saturée de tristesse, à mort.
Restez ici et veillez avec moi. »
39 Il va un peu en avant,
tombe sur sa face et prie en disant :
« Mon père, s'il est possible,
que passe loin de moi cette coupe !
Cependant, non comme moi je veux,
mais comme toi... »
40 Il vient vers les disciples
et les trouve dormant.
Il dit à Pierre :
« Ainsi, vous n'avez pas eu la force,
une seule heure, de veiller avec moi !
41 Veillez et priez,
pour ne pas entrer en épreuve.
L'esprit est ardent,
la chair, elle, sans force ! »
42 De nouveau, pour la deuxième fois, il s'en va.

Il prie en disant :
« Mon père, si cela ne peut passer sans que je le boive,
ta volonté soit faite ! »
43 Il vient de nouveau
et les trouve dormant,
car leurs yeux étaient alourdis.
44 Il les laisse et de nouveau s'en va.
Il prie pour la troisième fois :
il dit de nouveau la même parole.
45 Alors il vient vers les disciples et leur dit :
« Au reste, dormez et reposez-vous ! »

« Voici : l'heure est proche,
et le fils de l'homme
est livré aux mains de pécheurs.
46 Réveillez-vous ! Allons !
Voici, il est proche, celui qui me livre ! »

Le baiser de Judas //Mc **14**,43-46 Lc **22**,47-48 Jn **18**,2-9

47 Il parle encore...
Et voici Judas – un des douze !
Il vient et avec lui une foule nombreuse
avec épées et gourdins,
d'auprès des grands prêtres et des anciens du peuple.
48 Celui qui le livre
leur a donné un signe en disant :
« Celui à qui je donnerai un baiser, c'est lui.
Saisissez-le ! »
49 Aussitôt il s'approche de Jésus et dit :
« Salut, rabbi ! »
Et il le baise longuement.
50 Jésus lui dit :
« Compagnon... pour quoi tu es là ! »

Alors ils s'approchent, jettent les mains sur Jésus,
et le saisissent.

Le coup d'épée //Mc **14**,47-50 Lc **22**,49-53 Jn **18**,1

51 Et voici, un de ceux qui sont avec Jésus
tend la main et dégaine son épée.
Il frappe le serviteur du grand prêtre
et ôte le bout de son oreille.
52 Alors Jésus lui dit :
« Détourne ton épée ! En son lieu !
Car tous ceux qui prennent l'épée,
par l'épée seront perdus.
53 Ou penses-tu que je ne puisse supplier mon père ?
Et il m'offrira à l'instant
plus de douze légions d'anges !
54 Comment donc s'accompliraient les Écrits :
qu'il doit en être ainsi ? »
55 A cette heure-là, Jésus dit aux foules :
« Comme pour un bandit,
vous êtes sortis avec épées et gourdins,
pour vous emparer de moi !
Chaque jour, dans le temple,
j'étais assis à enseigner,
et vous ne m'avez pas saisi. »
56 Tout cela arrive
pour que soient accomplis les Écrits des prophètes.
Alors les disciples, tous,
le laissent et fuient.

Chez le grand prêtre //Mc **14**,53-54 Lc **22**,54-55 Jn **18**,12-18

57 Ceux qui ont saisi Jésus
l'emmènent chez Caïphe, le grand prêtre,

où les scribes et les anciens se sont rassemblés.
58 Pierre le suit à distance
jusqu'à la cour du grand prêtre.
Il entre à l'intérieur et s'assoit avec les gardes
pour voir la fin.

Jésus se taisait //Mc **14**,55-61

59 Les grands prêtres et le sanhédrin tout entier
cherchaient un faux témoignage contre Jésus
pour le faire mourir.
60 Ils n'en trouvent pas,
parmi de nombreux faux témoins qui s'approchent.
61 En dernier, s'en approchent deux, qui disent :
« Celui-ci a dit :
'Je peux détruire le sanctuaire de Dieu,
et en trois jours, le bâtir.' »
62 Le grand prêtre se lève et lui dit :
« Tu ne réponds rien ?
Qu'est-ce qu'ils témoignent à charge contre toi ? »
63 Jésus se taisait...

Es-tu le fils de Dieu ? //Mc **14**,61-64 Lc **22**,66-71

Le grand prêtre lui dit :
« Je t'adjure par le Dieu vivant :
dis-nous si toi, tu es le messie, le fils de Dieu ? »
64 Jésus lui dit :
« C'est toi qui dis.
D'ailleurs je vous dis :
désormais vous verrez le fils de l'homme,
assis à droite de la Puissance,
venir sur les nuées du ciel ! »

65 Alors le grand prêtre lacère ses vêtements en disant :
« Il a blasphémé !
Quel besoin avons-nous encore de témoins ?
Voilà, à l'instant, vous avez entendu le blasphème !
66 Quel est votre avis ? »
Ils répondent et disent :
« Il est passible de mort. »

Prophétise ! //Mc **14**,65 Lc **22**,63-65 Jn **18**,22

67 Alors ils crachent sur sa face.
Ils le soufflettent.
68 D'autres le giflent en disant :
« Prophétise pour nous, messie !
Qui c'est, celui qui t'a atteint ? »

Un coq chante //Mc **14**,66-72 Lc **22**,56-62 Jn **18**,17.25-27

69 Pierre était assis dehors, dans la cour.
Une servante s'approche de lui en disant :
« Toi aussi, tu étais avec Jésus le Galiléen ! »
70 Mais il nie devant tous en disant :
« Je ne connais pas. Qu'est-ce que tu dis ! »
71 Il sort vers le portail.
Une autre le voit et dit à ceux qui sont là :
« Celui-ci était avec Jésus le Nazôréen. »
72 Et de nouveau, il nie avec serment :
« Je ne connais pas l'homme ! »
73 Peu après, ceux qui se tiennent là s'approchent
et disent à Pierre :
« Pour de vrai, toi aussi, tu en es !
D'ailleurs, ton parler te fait repérer ! »
74 Alors, il commence à jurer avec force anathèmes :

« Je ne connais pas l'homme ! »
Aussitôt, un coq chante.

75 Pierre se souvient du mot de Jésus qui avait dit :
« Avant qu'un coq ait chanté,
trois fois tu m'auras renié, moi ! »
Il sort dehors, et pleure amèrement.

Livré à Pilate //Mc **15**,1 Lc **23**,1-2 Jn **18**,28

27 1 Le matin venu,
tous les grands prêtres et les anciens du peuple
tiennent conseil contre Jésus
pour le faire mourir.
2 Ils le lient, l'emmènent,
et le livrent à Pilate, le gouverneur.

Judas se pend

3 Alors Judas, celui qui le livre,
voit qu'il est condamné.
Pris de remors, il retourne les trente pièces d'argent
4 aux grands prêtres et aux anciens en disant :
« J'ai péché : j'ai livré un sang innocent. »
Ils disent :
« Qu'est-ce pour nous ? A toi de voir ! »
5 Il flanque les pièces d'argent dans le sanctuaire.
Il se retire, et s'en va se pendre.
6 Les grands prêtres ramassent les pièces d'argent
et disent :
« Il n'est pas permis de les jeter dans le Trésor du temple,
puisque c'est la valeur du sang. »
7 Ils tiennent conseil et achètent avec
le Champ-du-Potier

pour l'ensevelissement des étrangers.
8 Ainsi ce champ-là est appelé
Champ-du-Sang,
jusqu'à aujourd'hui.
9 Alors s'accomplit le mot dit par Jérémie le prophète :
'Ils prennent les trente pièces d'argent,
la valeur de qui fut évalué,
évalué par les fils d'Israël,
10 et ils les donnent pour le Champ-du-Potier,
comme le Seigneur me l'a indiqué.'

Tu es le roi des Juifs ? //Mc **15**,2-5 Lc **23**,3-5

11 Jésus se tient devant le gouverneur.
Le gouverneur l'interroge en disant :
« Toi, tu es le roi des Juifs ? »
Jésus dit :
« Toi, tu le dis. »
12 Il est accusé par les grands prêtres et les anciens :
il ne répondait rien.
13 Alors Pilate lui dit :
« Tu n'entends pas ?
Combien de témoignages contre toi ! »
14 Et il ne lui répond sur rien, pas un mot,
si bien que le gouverneur s'en étonne à l'extrême.

Barabbas //Mc **15**,6-10 Lc **23**,18-19

15 A chaque fête, le gouverneur avait l'habitude
de renvoyer à la foule un détenu,
celui qu'ils voulaient.
16 Ils avaient alors un détenu notoire, dit Barabbas.
17 Ils se rassemblent donc,
et Pilate leur dit :

« Qui voulez-vous que je vous renvoie ?
Barabbas, ou Jésus, dit le messie ? »
18 Car il savait que c'est par envie
qu'ils l'ont livré.
19 Comme il était assis au tribunal,
sa femme lui envoie dire :
« Rien entre toi et ce juste !
Car j'ai beaucoup souffert, aujourd'hui, en rêve,
à cause de lui. »

Qu'il soit mis en croix ! //Mc **15**,11-15 Lc **23**,20-25

20 Les grands prêtres et les anciens convainquent les foules
de demander Barabbas,
et de perdre Jésus.
21 Le gouverneur intervient et leur dit :
« Lequel des deux voulez-vous que je vous envoie ? »
Ils disent :
« Barabbas ! »
22 Pilate leur dit :
« Que ferai-je donc de Jésus, dit le messie ? »
Ils disent tous :
« Qu'il soit mis en croix ! »
23 Il dit :
« Enfin, qu'est-ce qu'il a fait de mal ? »
Ils criaient bien plus en disant :
« Qu'il soit mis en croix ! »
24 Pilate voit que rien n'est utile.
mais plutôt qu'il survient du tumulte.
Il prend de l'eau,
se lave longuement les mains devant la foule et dit :
« Je suis innocent de ce sang.
A vous de voir ! »

25 Tout le peuple répond et dit :
« Son sang, sur nous et sur nos enfants ! »
26 Alors il leur renvoie Barabbas.
Et Jésus,
après l'avoir flagellé,
il le livre pour qu'il soit mis en croix.

Une couronne d'épines //Mc **15**,16-20

27 Alors les soldats du gouverneur
prennent avec eux Jésus dans le prétoire.
Ils rassemblent sur lui la cohorte tout entière.
28 Ils le dépouillent,
et mettent autour de lui une chlamyde écarlate.
29 Ils tressent une couronne avec des épines,
ils la mettent sur sa tête
et un roseau dans sa droite.
Ils tombent à genoux devant lui,
le bafouent en disant :
« Salut, roi des Juifs ! »
30 Ils crachent sur lui.
Ils prennent le roseau et frappent sur sa tête.
31 Après l'avoir bafoué,
ils le dépouillent de la chlamyde
et lui remettent ses vêtements.

Simon de Cyrène //Mc **15**,20-23 Lc **23**,26

32 Et ils l'emmènent
pour le mettre en croix.
33 En sortant, ils trouvent un homme, de Cyrène,
du nom de Simon.
Celui-là, ils le requièrent pour qu'il porte sa croix,.

34 Ils viennent au lieu-dit Golgotha,
qui est dit : ‘Lieu du Crâne’.
35 Ils lui donnent à boire du vin mêlé de fiel.
Il le goûte, et ne veut pas boire.

Jésus en croix //Mc **15**,24-32 Lc **23**,33-38

36 Après l'avoir mis en croix,
ils répartissent ses vêtements
en jetant le dé.
37 Ils s'assoient pour le garder, là.
38 Ils mettent au-dessus de sa tête sa cause écrite :
CELUI-CI EST JÉSUS, LE ROI DES JUIFS.
39 Alors sont mis en croix avec lui deux bandits,
un à droite et un à gauche.
40 Les passants blasphémaient contre lui.
41 Ils remuaient leur tête en disant :
« Toi, qui détruis le sanctuaire
et en trois jours le bâtis,
sauve-toi toi-même !
Si tu es Fils de Dieu,
alors, descends de la croix ! »
42 De même, les grands prêtres aussi le bafouaient.
Avec les scribes et les anciens, ils disaient :
43 « D'autres, il les a sauvés,
lui-même, il ne peut se sauver !
Il est roi d'Israël !
Qu'il descende maintenant de la croix,
et nous croirons en lui !
44 Il s'est confié en Dieu,
qu'il le libère maintenant, s'il tient à lui !
Car il a dit :
‘Je suis Fils de Dieu. »

45 De la même façon les bandits mis en croix avec lui
l'insultaient.

Jésus meurt sur la croix

//Mc **15**,33-41 Lc **23**,44-49 Jn **19**,28-30

46 Depuis la sixième heure,
une ténèbre survient sur toute la terre,
jusqu'à la neuvième heure.
47 Vers la neuvième heure,
Jésus élève un grand cri en disant :
« Eli, Eli, lema sabaktani ? »
C'est :
« Ô mon Dieu, ô mon Dieu,
pourquoi donc m'as-tu abandonné ? »
48 Certains de ceux qui se tiennent là entendent et disent :
« Il appelle Élie, celui-ci ! »
49 Aussitôt l'un d'eux court,
prend une éponge, la remplit de vinaigre,
la met autour d'un roseau et l'abreuve.
50 Les autres disaient :
« Laisse ! Voyons si Élie vient le sauver ! »
51 Jésus de nouveau clame d'un grand cri
et laisse l'esprit.
52 Et voici : le voile du sanctuaire
se fend, de haut en bas, en deux.
La terre est séismée.
Les pierres se fendent.
53 Les sépulcres s'ouvrent,
de nombreux corps de saints endormis se réveillent.
54 Ils sortent des sépulcres après son réveil.
Ils entrent dans la ville sainte
et se manifestent à beaucoup.

55 Le chef de cent et ceux qui, avec lui, gardent Jésus,
en voyant le séisme et ce qui est arrivé,
craignent fort. Ils disent :
« Pour de vrai, il était Fils de Dieu, celui-ci ! »
56 Il y avait là des femmes, nombreuses :
à distance, elles regardaient.
Elles ont suivi Jésus depuis la Galilée,
pour le servir.
57 Parmi elles, Marie la Magdaléenne,
Marie, la mère de Jacques et de Joseph,
et la mère des fils de Zébédée.

La sépulture //Mc **15**,42-47 Lc **23**,50-56 Jn **19**,38-42

58 Le soir venu,
vient un homme riche, d'Arimathie, du nom de Joseph.
Lui aussi est devenu un disciple de Jésus.
59 Il s'approche de Pilate
et demande le corps de Jésus.
Alors Pilate ordonne qu'il soit rendu.
60 Joseph prend le corps,
l'enserre dans un drap pur.
61 Il le met dans son sépulcre neuf,
qu'il a taillé dans le roc.
Il roule une grande pierre à la porte du sépulcre,
et s'en va.

62 Il y avait là Marie la Magdaléenne
et l'autre Marie,
assises devant le tombeau...

Ils scellent la pierre

63 Le lendemain – c'est après la Préparation –
les grands prêtres et les pharisiens
se rassemblent chez Pilate.
64 Ils disent :
« Seigneur, nous nous souvenons
que cet imposteur a dit, encore vivant :
'Après trois jours, je me réveille !'
65 Ordonne donc
que le tombeau soit tenu en sûreté
jusqu'au troisième jour :
si jamais ses disciples venaient le voler !
Et ils diraient au peuple :
'Il s'est réveillé d'entre les morts !'
La dernière imposture serait pire que la première. »
66 Pilate leur dit :
« Vous avez une garde.
Allez, tenez-le en sûreté comme vous savez. »
67 Ils vont et tiennent en sûreté le tombeau :
ils posent des scellés sur la pierre,
avec la garde.

La Passion selon saint Marc

[**14**]

A Gethsémani //Mt **26**,36-46 Lc **22**,39-46

32 Ils viennent dans un domaine
du nom de Gethsémani.
Il dit à ses disciples :
« Asseyez-vous ici
pendant que je prierai. »
33 Il prend Pierre, Jacques et Jean avec lui.
Il commence à être envahi d'effroi et d'angoisse.
34 Il leur dit :
« Mon âme est saturée de tristesse, à mort.
Restez ici et veillez. »
35 Il va un peu en avant,
tombe sur la terre et prie,
pour que, si c'est possible, passe loin de lui l'heure.
36 Il dit :
« Abba, ô père,
tout est possible, à toi !
Emporte cette coupe loin de moi !
Mais non ce que moi je veux,
mais ce que toi... »
37 Il vient
et les trouve dormant.
Il dit à Pierre :
« Simon, tu dors ?
Tu n'as pas eu la force,
une seule heure, de veiller !
38 Veillez et priez,

pour ne pas venir en épreuve.
L'esprit est ardent,
la chair, elle, sans force ! »
39 De nouveau, il s'en va :
il prie en disant la même parole.
40 De nouveau, il vient,
et les trouve dormant,
car leurs yeux étaient appesantis.
Et ils ne savaient que lui répondre.
41 Il vient pour la troisième fois et leur dit :
« Au reste, dormez et reposez-vous ! »
« Ça y est, l'heure est venue !
Voici : le fils de l'homme
est livré aux mains des pécheurs.
42 Réveillez-vous ! Allons !
Voici, celui qui me livre est proche. »

Le baiser de Judas //Mt **26**,47-50 Lc **22**,47-48 Jn **18**,2-9

43 Aussitôt – il parle encore –
arrive Judas, un des douze !
Et avec lui une foule
avec épées et gourdins,
d'auprès des grands prêtres, des scribes et des anciens.
44 Celui qui le livre avait donné
un signe convenu en lui disant :
« Celui à qui je donnerai un baiser, c'est lui.
Saisissez-le ! Emmenez-le, en sûreté ! »
45 Il vient, aussitôt s'approche de lui et dit :
« Rabbi ! »
Et il le baise longuement.
46 Ils jettent les mains sur lui
et le saisissent.

Le coup d'épée //Mt **26**,51-56 Lc **22**,49-53 Jn **18**,10-12

47 L'un des assistants dégaine l'épée :
il atteint le serviteur du grand prêtre.
Il lui ôte le coin de l'oreille.
48 Jésus intervient et lui dit :
« Comme pour un bandit,
vous êtes sortis avec épées et gourdins,
pour vous emparer de moi !
49 Chaque jour j'étais auprès de vous,
dans le temple, à enseigner,
et vous ne m'avez pas saisi.
Mais... pour que s'accomplissent les Écrits ! »
50 Ils le laissent et fuient,
tous.

Un jeune homme fuit, nu

51 Un jeune l'accompagne,
vêtu d'un drap sur son corps nu.
Ils le saisissent.
52 Mais lui quitte le drap,
et, nu, fuit...

Chez le grand prêtre //Mt **26**,57-58 Lc **22**,54-55 Jn **18**,12-18

53 Ils emmènent Jésus chez le grand prêtre.
Ils se réunissent tous :
les grands prêtres, les anciens et les scribes.
54 Pierre, à distance, le suit
jusqu'à l'intérieur, dans la cour du grand prêtre.
Il est assis avec les gardes,
et se chauffe près de la flambée.

Jésus se taisait //Mt **26**,59-63

55 Les grands prêtres et le sanhédrin tout entier
cherchaient contre Jésus un témoignage
pour le faire mourir.
Et ils n'en trouvaient pas :
56 car beaucoup témoignaient à faux contre lui,
et les témoignages n'étaient pas concordants.
57 Certains se levaient,
témoignaient à faux contre lui en disant :
58 « Nous l'avons entendu ! Il disait :
'Moi, je détruirai ce sanctuaire
fait par des mains,
et après trois jours,
j'en bâtirai un autre non fait par des mains. »
59 Même en cela leurs témoignages n'étaient pas concordants.
60 Le grand prêtre se lève, au milieu.
Il interroge Jésus en disant :
« Tu ne réponds pas ? Rien ?
Qu'est-ce qu'ils témoignent à charge contre toi ? »
61 Lui se taisait... Il ne répond pas.

Es-tu le fils de Dieu ? //Mt **26**,63-66 Lc **22**,66-71

De nouveau le grand prêtre l'interrogeait,
il lui dit :
« Toi, tu es le messie, le fils du Béni ? »
62 Jésus dit :
« Je suis.
Et vous verrez le fils de l'homme
assis à droite de la Puissance,
venir avec les nuées du ciel ! »
63 Le grand prêtre lacère ses tuniques et dit :
« Quel besoin avons-nous encore de témoins ?

64 Vous avez entendu le blasphème !
Que vous paraît-il ? »
Eux tous le condamnent :
« Il est passible de mort ! »

Prophétise ! //Mt **26**,67-68 Lc **22**,63-65 Jn **18**,22

65 Certains commencent à cracher sur lui.
Ils lui voilent la face,
ils le soufflettent et lui disent :
« Prophétise ! »
Et les gardes avec des gifles le reçoivent.

Un coq chante //Mt **26**,69-75 Lc **22**,56-62 Jn **18**,17.25-27

66 Pierre est en bas, dans la cour.
Vient une des servantes du grand prêtre,
67 elle voit Pierre se chauffer.
Elle le fixe et dit :
« Toi aussi, tu étais avec le Nazarène, ce Jésus ! »
68 Il nie en disant :
« Je ne connais pas !
Je ne comprends pas ce que tu dis. »
Il sort dehors, vers la première cour.
Et un coq chante.

69 La servante qui l'a vu
recommence à dire aux assistants :
« Celui-ci, il en est ! »
70 Lui, de nouveau, il nie.
Peu après, de nouveau, les assistants
disaient à Pierre :
« Pour de vrai, tu en es :

d'ailleurs, tu es Galiléen ! »
71 Il commence à jurer avec anathème :
« Je ne connais pas cet homme dont vous parlez ! »
72 Aussitôt, et de deux, un coq chante.

Et Pierre se remémore
le mot que lui a dit Jésus :
« Avant qu'un coq ait chanté deux fois,
trois fois tu m'auras renié. »
Il éclate, et il pleurait...

Livré à Pilate //Mt **27**,1-2 Lc **23**,1-2 Jn **18**,28

15 1 Aussitôt, le matin,
les grands prêtres font un conseil
avec les anciens et les scribes,
et le sanhédrin tout entier.
Ils lient Jésus, le transfèrent
et le livrent à Pilate.

Tu es le roi des Juifs ? //Mt **27**,11-14 Lc **23**,3-5

2 Pilate l'interroge :
« Toi, tu es le roi des Juifs ?
Il répond et lui dit :
« Toi, tu le dis. »
3 Et les grands prêtres l'accusent
de beaucoup de choses.
4 Pilate de nouveau l'interroge et dit :
« Tu ne réponds rien ?
Vois tout ce dont ils t'accusent ! »
5 Jésus ne répond plus rien,
si bien que Pilate s'en étonne.

Barabbas //Mt **27**,15-19 Lc **23**,18-19 Jn **18**,39

6 A chaque fête,
il lui renvoyait un détenu,
celui qu'ils réclamaient.
7 Il y avait le nommé Barabbas, enchaîné avec les révoltés
qui pendant la révolte avaient fait un meurtre.
8 La foule monte et commence à demander
qu'il fasse pour eux selon la coutume.
9 Pilate répond et leur dit :
« Voulez-vous que je vous renvoie
le roi des Juifs ? »
10 Car il savait que c'était par envie
que l'avaient livré les grands prêtres.

Met-le en croix ! //Mt **27**,20-26 Lc **23**,20-25

11 Les grands prêtres soulèvent la foule
pour qu'il leur renvoie plutôt Barabbas.
12 Pilate de nouveau intervient et leur dit :
« Que ferai-je donc de celui que vous dites
le roi des Juifs ? »
13 De nouveau ils crient :
« Mets-le en croix ! »
14 Pilate leur dit :
« Enfin, qu'est-ce qu'il a fait de mal ? »
Ils crient bien plus :
« Mets-le en croix ! »
15 Pilate, dans le dessein de satisfaire la foule,
leur renvoie Barabbas.
Et il livre Jésus,
après l'avoir flagellé,
pour qu'il soit mis en croix.

Une couronne d'épines //Mt **27**,27-31

16 Les soldats l'emmènent à l'intérieur de la cour
(c'est le prétoire).
Ils convoquent la cohorte tout entière.
17 Ils le revêtent de pourpre.
Ils mettent sur lui,
après l'avoir tressée, une couronne épineuse.
18 Ils commencent à lui rendre hommage :
« Salut, roi des Juifs ! »
19 Ils lui frappent la tête avec un roseau,
crachent sur lui,
fléchissent les genoux et se prosternent devant lui.
20 Et quand ils l'ont bafoué,
ils le dépouillent de la pourpre
et lui remettent ses vêtements.

Simon de Cyrène //Mt **27**,31-34

Et ils le conduisent dehors :
ils vont le mettre en croix.
21 Ils requièrent un passant, Simon, de Cyrène,
qui venait d'un champ,
– le père d'Alexandre et de Rufus –
pour qu'il porte sa croix.
22 Ils le traînent au lieu du Golgotha
(qui se traduit : Lieu-du-Crâne).
23 Ils lui donnent du vin à la myrrhe.
Lui n'en prend pas.

Jésus en croix //Mt **27**,35-44 Lc **23**,33-38

24 Et ils le mettent en croix.
Ils répartissent ses vêtements

en jetant le dé sur eux : qui prendrait quoi ?
[25] C'était la troisième heure,
et ils l'ont mis en croix.
[26] L'inscription de sa cause avait été inscrite :
LE ROI DES JUIFS.
[27] Avec lui, ils mettent en croix deux bandits,
un à droite, et un à gauche.
[28] Les passants blasphèment contre lui.
Ils remuent leur tête et disent :
« Hou ! Toi qui détruis le sanctuaire
et le bâtis en trois jours !
[29] Sauve-toi toi-même ! En descendant de la croix ! »
[30] De même, les grands prêtres aussi le bafouent.
Ils se disent l'un à l'autre, avec les scribes :
« D'autres, il les a sauvés,
lui-même, il ne peut se sauver !
[31] Le messie, le roi d'Israël !
Qu'il descende maintenant de la croix,
pour que nous voyions, et croyions ! »
Et ceux qui étaient en croix avec lui
l'insultaient.

Jésus meurt sur la croix

//Mt **27**,45-46 Lc **23**,44-49 Jn **19**,28-30

[32] La sixième heure venue,
une ténèbre survient sur la terre entière,
jusqu'à la neuvième heure.
[33] Et à la neuvième heure,
Jésus clame d'un grand cri :
« Eloï, Eloï, lama sabakhtani ! »
Ce qui se traduit :
« Mon Dieu, mon Dieu, pourquoi m'as-tu abandonné ? »

34 Certains des assistants
entendent et disent :
« Vois, il appelle Élie ! »
35 Quelqu'un court,
imbibe une éponge de vinaigre,
la met autour d'un roseau, et l'abreuve
en disant :
« Laissez ! Voyons si Élie vient le descendre ! »
36 Jésus laisse échapper un grand cri :
il expire.
37 Et le voile du sanctuaire
se fend en deux, de haut en bas.

38 Le centurion qui se tient en face de lui,
voyant qu'il a ainsi expiré, dit :
« Pour de vrai, cet homme était fils de Dieu ! »

39 Il y avait aussi des femmes :
à distance, elles regardaient.
Parmi elles, Marie la Magdaléenne,
Marie, mère de Jacques le petit et de Joset,
et Salomé.
40 Quand il était dans la Galilée,
elles le suivaient et le servaient.
Et beaucoup d'autres aussi,
qui étaient montées avec lui à Jérusalem.

La sépulture //Mt **27**,57-61 Lc **23**,50-56 Jn **19**,38-42

41 Le soir déjà venu,
comme c'était la Préparation,
(c'est-à-dire l'avant-sabbat),
42 vient Joseph d'Arimathie, un éminent conseiller.

Lui aussi était dans l'attente du royaume de Dieu.
Il ose entrer chez Pilate
et demande le corps de Jésus.
43 Pilate s'étonne qu'il soit déjà mort.
Il appelle à lui le centurion et l'interroge :
s'il est bien mort depuis longtemps ?
44 Renseigné par le centurion,
il octroie le cadavre à Joseph.
45 Celui-ci achète un drap.
Il le descend,
l'enveloppe du drap
et le dépose dans une sépulture
taillée dans le roc.
Puis il roule une pierre contre la porte du sépulcre.
46 Marie la Magdaléenne
et Marie, celle de Joset,
regardaient où il était mis.

La Passion selon saint Jean

Au jardin

18 1 Cela dit, Jésus sort avec ses disciples
de l'autre côté du torrent du Cédron,
où il y avait un jardin
dans lequel il entre, lui et ses disciples.
2 Lui aussi, Judas qui le livre, sait le lieu,
car souvent Jésus s'y est retrouvé avec ses disciples.
3 Judas donc, prenant la cohorte,
et gardes des grands prêtres et des pharisiens,
vient là, avec lanternes, lampes et armes.
4 Jésus donc, sachant tout ce qui vient sur lui,
sort et leur dit : « Qui cherchez-vous ? »
5 Ils lui répondent : « Jésus le Nazôréen. »
Il leur dit : « Je suis. »
Judas aussi, qui le livre, se tient avec eux.
6 Quand donc il leur dit : Je suis,
ils reculent en arrière et tombent sur le sol.
7 De nouveau donc il les interroge : « Qui cherchez-vous ? »
Ils disent : « Jésus le Nazôréen. »
8 Jésus répond :
« Je vous ai dit : Je suis.
Si donc c'est moi que vous cherchez,
laissez ceux-là s'en aller. »
9 Pour accomplir la parole qu'il avait dite :
Ceux que tu m'as donnés,
je n'ai perdu aucun d'entre eux.

Le coup d'épée //Mt **26**,51-56 Mc **14**,47-50 Lc **22**,49-53

10 Simon-Pierre donc, ayant une épée, la tire
et atteint le serviteur du grand prêtre :
il lui coupe le coin de l'oreille droite.
Le nom du serviteur : Malchos.
11 Et Jésus dit à Pierre :
« Jette l'épée au fourreau.
La coupe que me donne le Père,
je ne la boirai pas ? »
12 Alors la cohorte, l'officier et les gardes des Juifs
s'emparent de Jésus et le lient.

Chez Hanne

13 Ils l'amènent chez Hanne d'abord :
car il était beau-père de Caïphe,
qui était grand prêtre cette année-là.
14 C'était Caïphe qui avait conseillé aux Juifs :
Il y a intérêt à ce qu'un seul homme
meure pour le peuple.
15 Simon-Pierre suit Jésus,
et aussi un autre disciple.
Ce disciple-là était connu du grand prêtre,
et il entre avec Jésus dans la cour du grand prêtre.
16 Pierre se tient à la porte, dehors.
L'autre disciple, connu du grand prêtre, sort donc
et parle à la portière :
il fait entrer Pierre.
17 La servante, la portière, dit donc à Pierre :
« Tu ne serais pas, toi aussi, des disciples de cet homme ? »
Lui, dit :
« Je n'en suis pas ! »
18 Les serviteurs et les gardes qui se tiennent là

ont fait un peu de braise à cause du froid,
et ils se chauffaient.
Pierre aussi était avec eux à se chauffer.

19 Le grand prêtre donc questionne Jésus
sur ses disciples et sur son enseignement.
20 Jésus lui répond :
« C'est en public que j'ai parlé au monde,
j'ai toujours enseigné en synagogue et dans le temple,
où tous les Juifs se réunissent ;
je n'ai rien dit en secret !
21 Pourquoi me questionnes-tu ?
Questionne donc les auditeurs :
que leur ai-je dit ?
Voici, eux savent ce que j'ai dit, moi ! »
22 Quand il eut ainsi parlé,
un des gardes présents donne une gifle à Jésus en disant :
« C'est ainsi que tu réponds au grand prêtre ? »
23 Jésus lui répond :
« Si j'ai mal parlé, témoigne où est le mal.
Si j'ai bien parlé, pourquoi me battre ? »
24 Alors Hanne l'envoie lié chez Caïphe, le grand prêtre.

Un coq chante //Mt **26**,69-75 Mc **14**,66-72 Lc **22**,56-62

25 Simon-Pierre se tenait là à se chauffer.
Ils lui disent donc :
« Et toi, tu ne serais pas de ses disciples ? »
Lui, il nie et dit :
« Je n'en suis pas. »
26 Un des serviteurs du grand prêtre dit
(c'est un parent
de celui à qui Pierre avait coupé un bout d'oreille) :

« Est-ce que moi je ne t'ai pas vu dans le jardin avec lui ? »
27 De nouveau Pierre nie.
Aussitôt un coq chante.

Livré à Pilate

28 Ils amènent donc Jésus
de chez Caïphe au prétoire.
C'était le matin.
Eux-mêmes n'entrent pas au prétoire
pour ne pas se contaminer mais pouvoir manger la Pâque.
29 Pilate donc sort vers eux dehors et dit :
« Quelle accusation portez-vous contre cet homme ? »
30 Ils répondent et lui disent :
« S'il n'était pas un mal-faisant
nous ne te l'aurions pas livré ! »
31 Pilate donc leur dit :
« Prenez-le, vous, et jugez-le selon votre loi. »
Les Juifs lui disent donc :
« Pour nous, il ne nous est pas permis
de tuer quelqu'un. »
32 Ceci pour accomplir la parole de Jésus
dite pour signaler de quelle mort
il devrait mourir.

« Tu es le roi des Juifs ? »

33 Pilate entre donc de nouveau dans le prétoire,
il appelle Jésus et lui dit :
« Toi, tu es le roi des Juifs ? »
34 Jésus répond :
« Est-ce de toi-même que tu dis cela ?
ou si d'autres te l'ont dit de moi ? »

35 Pilate répond :
« Est-ce que moi je suis juif ?
Ta nation et les grands prêtres t'ont livré à moi.
Qu'as tu fait ? »
36 Jésus répond :
« Mon royaume à moi n'est pas de ce monde.
Si mon royaume était de ce monde,
mes gardes auraient lutté
pour que je ne sois pas livré aux Juifs.
Mais, en fait, mon royaume à moi n'est pas d'ici. »
37 Pilate lui dit donc :
« Ainsi donc, tu es roi ? »
Jésus répond :
« C'est toi qui dis que je suis roi.
Moi, c'est pour ceci que je suis né
et que je suis venu dans le monde :
pour témoigner de la vérité.
Qui est de la vérité entend ma voix. »
38 Pilate lui dit :
« Qu'est-ce que la vérité ? »

Barabbas //Mt **27**,15-26 Mc **15**,6-15 Lc **23**,18-19

Ce qu'ayant dit,
de nouveau il sort vers les Juifs et leur dit :
« Moi, je ne trouve en lui aucun motif.
39 Mais il y a une coutume pour vous,
que je vous renvoie quelqu'un pour la Pâque.
Voulez-vous donc que je vous renvoie
le roi des Juifs ? »
40 Ils crient donc de nouveau en disant :
« Pas celui-là, mais Barabbas ! »
Or Barabbas était un bandit.

« Salut, le roi des Juifs ! » //Mt **27**,26-31

19 1 Alors donc Pilate prend Jésus et le fouette.
Et les soldats tressent une couronne avec des épines
et la posent sur sa tête.
Ils l'enveloppent d'un manteau pourpre.
2 Ils viennent à lui et lui disent :
« Salut, le roi des Juifs ! »
Et ils lui donnent des gifles.

« Voici l'homme »

3 Pilate sort de nouveau dehors et leur dit :
« Voici, je vous l'amène dehors,
pour que vous connaissiez
que je ne trouve aucun motif en lui. »
4 Jésus sort donc dehors.
Il porte la couronne épineuse
et le manteau pourpre.
Et il leur dit :
« Voici l'homme ! »
5 Quand donc ils le voient,
les grands prêtres et les gardes crient en disant :
« En croix ! en croix ! »
Pilate leur dit :
« Prenez-le vous-mêmes et crucifiez-le.
Car moi, je ne trouve pas en lui de motif. »
6 Les Juifs lui répondent :
« Nous avons, nous, une loi
et selon la loi, il doit mourir :
il s'est fait lui-même fils de Dieu ! »

« Qui se fait roi conteste César »

7 Quand donc Pilate entend cette parole
il craint davantage,
8 et il entre de nouveau dans le prétoire
et dit à Jésus :
« D'où es-tu ? »
Jésus ne lui donne pas de réponse.
9 Pilate donc lui dit :
« A moi, tu ne parles pas ?
Ne sais-tu pas que j'ai pouvoir de te renvoyer
et j'ai pouvoir de te mettre en croix ? »
10 Jésus lui répond :
« Tu n'auras aucun pouvoir sur moi
s'il ne t'avait été donné d'en haut.
Aussi celui qui m'a livré à toi
a un plus grand péché. »
11 Dès lors Pilate cherchait à le renvoyer.
Mais les Juifs crient en disant :
« Si tu renvoies celui-là, tu n'es pas un ami de César !
Qui se fait roi conteste César. »

Il le livre

12 Quand donc Pilate entend ces paroles,
il amène dehors Jésus
et s'assoit sur le tribunal
au lieu dit Lithostrotos – en hébreu Gabbatha.
13 C'était la préparation de la Pâque.
C'était environ la sixième heure.
Il dit aux Juifs :
« Voici votre roi. »
14 Eux ils crient :
« Supprime-le, supprime-le, mets-le en croix ! »

Pilate leur dit :
« Je mettrais en croix votre roi ? »
Les grands prêtres répondent :
« Nous n'avons de roi que César ! »
15 Alors donc il le leur livre
pour qu'il soit mis en croix.

Au Golgotha

Ils prennent donc avec eux Jésus.
16 Et, portant lui-même la croix,
il sort vers le lieu dit du Crâne
– ce qui se dit en hébreu Golgotha.
17 Là, ils le mettent en croix.
Avec lui deux autres, un là, et un là,
au milieu, Jésus.

La pancarte //Mc **15**,26 Lc **23**,38

18 Pilate écrit une pancarte qu'il met sur la croix.
Il y était écrit :
JÉSUS LE NAZÔRÉEN, LE ROI DES JUIFS.
19 Cette pancarte,
nombreux sont parmi les Juifs ceux qui la lisent,
car le lieu où Jésus est mis en croix
était proche de la ville,
et c'était écrit en hébreu, latin et grec.
20 Les grands prêtres des Juifs disent donc à Pilate :
« N'écris pas : Le roi des Juifs,
mais : Cet homme a dit : Je suis le roi des Juifs. »
21 Pilate répond :
« Ce que j'ai écrit, j'ai écrit. »

Le partage des vêtements //Mc **15**,24 Lc **23**,33

22 Les soldats donc, quand ils ont mis en croix Jésus,
prennent ses vêtements, font quatre parts,
une part pour chaque soldat.
Et la tunique ?
Or la tunique était sans couture
tissée d'un seul tenant depuis le haut.
23 Ils se disent donc l'un à l'autre :
« Ne la déchirons pas,
mais tirons au sort : pour qui elle sera ? »
Pour que l'Écrit soit accompli :
Ils se répartissent entre eux mes vêtements
et sur ma vêture jettent les dés.
Les soldats font donc ainsi.

Sa mère

24 Près de la croix de Jésus se tiennent
sa mère,
et la sœur de sa mère,
Marie de Cléopas
et Marie la Magdaléenne.
25 Jésus, donc, voyant la mère,
et tout près, le disciple qu'il aimait,
dit à la mère :
« Femme, voici ton fils. »
26 Ensuite il dit au disciple :
« Voici ta mère. »
Dès cette heure-là le disciple la prend chez soi.

Tout est accompli //Mt **27**,45-56 Mc **15**,33-39 Lc **23**,44-49

27 Après cela, Jésus, sachant que maintenant tout est accompli,
dit pour que l'Écrit s'accomplisse :

« J'ai soif. »
28 Là, un récipient, plein de vinaigre.
Ils entourent une hysope d'une éponge pleine du vinaigre
et la présentent à sa bouche.
29 Quand donc Jésus a pris le vinaigre, il dit :
« C'est accompli. »
Inclinant la tête, il livre l'Esprit.

Le coup de lance

30 Les Juifs donc, comme c'était la Préparation,
pour que les corps ne demeurent pas sur la croix le sabbat
– car c'était le grand jour, ce sabbat –
sollicitent Pilate pour que leurs jambes soient brisées
et qu'ils soient enlevés.
31 Les soldats viennent donc :
ils brisent les jambes du premier,
puis de l'autre mis en croix avec lui.
32 Venant sur Jésus, comme ils voient qu'il était déjà mort,
ils ne lui brisent pas les jambes.
33 Mais un des soldats, de sa lance, pique le côté,
aussitôt sortent du sang et de l'eau.
34 Et celui qui a vu témoigne,
et véridique est son témoignage.
Celui-là sait qu'il dit vrai
pour que vous aussi vous croyiez.
35 Car ces choses sont arrivées
pour que l'Écrit soit accompli :
Nul os de lui ne sera brisé.
36 Et un autre Écrit dit encore :
Ils verront celui qu'ils ont transpercé.

La sépulture //Mt **27**,57-61 Mc **15**,42-47 Lc **23**,50-56

37 Après ces choses,
Joseph d'Arimathie sollicite Pilate
(c'était un disciple de Jésus,
en secret pourtant, par crainte des Juifs)
pour enlever le corps de Jésus.
Et Pilate autorise.
Il vient donc et enlève son corps.
38 Vient aussi Nicodème
(celui qui était venu à lui de nuit, au début).
Il porte un mélange de myrrhe et aloès,
environ cent livres.
39 Ils prennent donc le corps de Jésus,
ils le lient de linges avec les aromates,
comme c'est la coutume des Juifs pour ensevelir.
40 Au lieu où il a été mis en croix,
il y avait un jardin,
et dans le jardin un sépulcre neuf
dans lequel personne jamais n'a été mis.
41 Là donc,
à cause de la Préparation chez les Juifs,
comme le sépulcre est proche,
ils mettent Jésus.

Table

Achevé d'imprimer en mars 2004
dans les ateliers de Normandie Roto Impression s.a.s.
61250 Lonrai
pour le compte des Éditions Desclée de Brouwer
N° d'imprimeur : 040717
Dépôt légal : mars 2004

Imprimé en France